AF208610

Endlich
mit Männern flirten

Wie Sie lernen, Schüchternheit und Angst
vor dem Flirten mit einfachen Übungen
erfolgreich selbst zu überwinden

Ludwig Reichenbach

Ludwig Reichenbach
Printed in Germany
© 2006 Herstellung und Verlag: Books on Demand GmbH, Norderstedt
ISBN 3 - 8334 - 4380 - 4

Für Ihre Sicherheit ...

Unabhängigkeit und Selbstsicherheit kann nur dann entstehen, wenn Sie sich selbst in einer Situation sicher und wohl fühlen. Ein selbstbewusstes Auftreten alleine schreckt oft potentielle Angreifer ab. Trotzdem sollten Sie einige Sicherheitstipps beherzigen, um nicht Opfer einer Gewalttat zu werden:

- **Vermeiden Sie schlecht beleuchtete und unbelebte Orte.**

- **Geben Sie Ihre Telefonnummer und Adresse nur dann heraus, wenn Sie sich in der Person ganz sicher sind! Bitten Sie den Mann lieber um seine Nummer und rufen ihn an. So liegt die Entscheidung bei Ihnen, überhaupt wieder in Kontakt zu treten.**

- **Verabreden Sie sich zum ersten Mal, treffen Sie sich an einem belebten Ort, z.B. tagsüber in einem Café!**

- **Nehmen Sie niemanden mit in Ihr Auto oder Ihre Wohnung, den Sie nicht genau kennen!**

- **Setzen Sie eindeutige Grenzen wenn Sie belästigt werden! Sie haben ein Recht, NEIN zu sagen – auch lautstark!**

So war ich als schüchterner Mensch

Mein größter Wunsch war immer: Ich wollte nicht mehr schüchtern, sondern mutig sein!

Ich hatte den Wunsch, einfach ohne Scheu auf fremde Personen zuzugehen und mit ihnen zu sprechen, ihnen dabei in die Augen zu sehen und keinerlei Unsicherheit zu zeigen. Ich wollte endlich ohne Hemmungen meine Wünsche mitteilen und einmal der Erste sein. Mein Wunsch war es immer, eine Frau anzusprechen und mich dabei sicher zu verhalten. Ich stellte mir vor, wie großartig es wäre, mich mit ihr zu unterhalten und zu spüren, dass wir die gleiche Wellenlänge hätten. Dann würden wir uns erneut verabreden und es wäre der Anfang von etwas Wundervollem.

Das Gegenteil war der Fall: Wenn ich mit Freunden wegging, hielt ich mich immer im Hintergrund und dachte mir meinen Teil. Ich lachte zwar ab und zu, brachte aber nie ein neues Thema in das Gespräch ein. Mit Frauen konnte ich mich schon unterhalten – aber nicht mehr, wenn ich mir vorstellen konnte, dass sie zu mir passen könnten. Dann war ich einfach zu schüchtern. Ich kam ins Stocken und wusste nicht mehr, was ich noch sagen sollte. Ich errötete andauernd, meine Hände wurden kalt und feucht. So habe ich irgendwann ganz aufgehört, Frauen anzusprechen, die mir gefallen haben. Ich bekam regelrecht Angst vor der Situation, alleine ein Gespräch mit einer Frau zu führen. Ich saß immer am Rand herum. Kam eine Frau herein, die mir gefiel, verfolgte ich sie mit meinen Augen. Wenn Sie zurückschaute, ließ ich sofort meinen Blick nach unten sinken und wusste, dass ich es nicht schaffen würde – schon gar nicht im Beisein meiner Freunde! Diese Blöße wollte ich mir nicht geben, dass sie auch noch über mich lachen würden. Dann beobachtete ich die Männer, die sie ansprachen – sie sahen nicht besonders gut aus – eben ganz normal. Sie verhielten sich sicher, lachten und fühlten sich von niemandem unangenehm beobachtet. Sie unterhielten sich bis in die Nacht mit ihr oder verließen zusammen mit ihr das Lokal. Ich schaute immer nur zu.

So sah mein Leben aus: Ich saß im Hintergrund und hoffte darauf, dass eine Frau irgendwann auf *mich* zukommen würde und *mich* aus der Reserve locken würde, was naturgemäß natürlich nicht passierte. In meinem Leben hat mich bis jetzt keine einzige Frau angesprochen, nur weil sie mich attraktiv fand; keine Frau hat zu mir je gesagt, dass ich ihr aufgefallen wäre.

Allmählich bezog ich diese scheinbare Ignoranz der Frauen auf mich. Ich fühlte mich nun selbst als Versager, als zu hässlich, als zu schüchtern, als unfähig und als verklemmt. „So ist mein Leben eben.", dachte ich, „Ich bin eben ein schüchterner Mensch. Es gibt die Schüchternen und die Lauten und Mutigen. Das habe ich nie gelernt, das werde ich auch nie lernen, es ist einfach nicht meine Natur, mutig zu sein. Ich habe von Geburt an einen schüchternen Charakter."

Das war die Situation, in der ich vor ungefähr fünf Jahren steckte. Ich erinnere mich sehr genau daran. Nicht nur in Bezug auf Frauen war ich schüchtern. Ich fühlte mich auf Partys, die doch eigentlich zum Feiern veranstaltet wurden, unsicher und angespannt. Besonders, wenn ich niemanden kannte und meine Freunde noch nicht da waren, fühlte ich mich immer sehr unwohl. Ich wusste nicht, über was ich mich mit diesen „Fremden" unterhalten sollte. Deshalb vermied ich es, alleine einer Einladung zu folgen. Ich fragte vorher immer: *„Wer kommt denn noch?"*

Wenn eine Party um 8.00 Uhr anfing, tauchte ich prinzipiell erst um 9.30 Uhr auf, damit ich ja nicht in die Verlegenheit kam, mit unbekannten Personen eine Stunde oder mehr verbringen zu müssen. Aber schon bevor ich zu der Party ging, war ich mir unsicher, was die Personen, die ich dort träfe, von mir halten würden. Ich stellte mir andauernd aufreibende Fragen, wie: *„Was soll ich anziehen?", „Wer wird alles da sein?", „Wird XY da sein, mit dem ich mich den ganzen Abend notfalls entspannt unterhalten kann?", „Sieht meine Frisur gut aus?"*

Fragen wie diese beschäftigten mich oft schon Stunden vorher. Standen besondere Anlässe an, z.B. eine Silvesterparty, machte ich mir schon Wochen vorher Gedanken, wer denn nun tatsächlich auf die Party kommen werde. Es grauste mir im Vornherein schon vor Gesprächssituationen mit großen Pausen – wenn keiner mehr weiß, was er sagen soll.

Ging ich dann auf die Party, suchte ich sofort den Raum nach bekannten Gesichtern ab, stellte mich erleichtert dazu, lächelte schüchtern und umklammerte mein Glas. War niemand da, den ich kannte, ordnete ich mich sofort in die Gruppe der Schüchternen ein – das waren in meinen Augen die Personen, die irgendwo am Rand, meistens an der Wand oder in den Ecken standen. Die meisten davon rauchten und hatten eine Flasche Bier oder ein anderes Getränk zur Sicherheit in der Hand. Ich gestaltete meine Situation nie aktiv, sondern war passiv:

Ich schaute nur zu, und ich hörte nur zu. Es

gab Partys, bei denen ich nicht viel mehr als ein *„Hallo, na wie geht's?"* und ein *„Vielen Dank für die schöne Party, Tschüss!"*, gesagt hatte, als ich wieder zu Hause ankam. Partys waren aber nur ein kleiner Teil meines Lebens, in der mir meine Schüchternheit besonders auffiel.

Es waren die alltäglichen Dinge, die mir andauernd zeigten, dass es auch Menschen gab, die scheinbar immer bekamen, was sie wollten. Ging ich z.B. in ein Elektronikgeschäft, um mich über eine neue Stereoanlage zu informieren, stellte ich mich erst einmal unsicher mitten zwischen die Warenregale und wartete darauf, dass endlich ein Verkäufer zu mir käme und mich ansprächse. Kam er nicht, ging ich zum Informationsstand. Dort wartete ich noch einmal zehn Minuten, bis der Verkäufer sich mit einem Kollegen zu Ende unterhalten oder irgendwelche Listen kontrolliert hatte. Erst dann, auf seine Aufforderung hin, brachte ich den Wunsch vor, mir eine Stereoanlage ansehen zu wollen. Ich ließ mir viel erzählen, fragte kaum nach und ging irgendwann mit dem Paket nach Hause.

Wenn ich falsch parkte und eine Politesse gerade dabei war, mir einen Strafzettel auszustellen, begrüßte ich sie freundlich und entschuldigte mich in aller Form. Drückte sie mir den Überweisungsträger in die Hand, bedankte ich mich und erhob keinen Widerspruch. Ich dachte, dass allein mein Verhalten in ihr eine Meinungsänderung hervorrufen könnte. Manchmal sagte ich ganz kleinlaut: „Ich bin nur zum Briefkasten gegangen.", Sobald sie sagte, dass ich mir trotzdem einen Parkschein kaufen müsste, entschuldigte ich mich nochmals und gab sofort auf, meinen Willen durchzusetzen.

Ging ich zum Arzt, wartete ich oft stundenlang in seinem Wartezimmer, dann nochmals in seinem Behandlungsraum, obwohl ich eigentlich einen Termin hatte. Stellte der Arzt eine Diagnose, zweifelte ich keines seiner Worte an und fragte nicht nach. Ein Arzt hatte in meinen Augen den Status der Unfehlbarkeit. Ich beschwerte mich weder über zu lange Wartezeiten noch über unzureichende Behandlungsmethoden, falsche Verschreibungen oder zu hohe oder falsche Rechnungen. Ich regte mich auch nicht darüber auf, von ihm hochnäsig und von oben herab behandelt zu werden. Wenn er mir einen Termin gab, stimmte ich sofort zu und organisierte dann meinen Tagesablauf so, dass ich den Termin wahrnehmen konnte. Ich sagte mir immer, dass das der Normalfall sei.

Klingelte jemand bei mir an der Tür, hatte ich

schon Angst, überhaupt zu öffnen. Wenn es die Zeugen Jehovas oder ein Vertreter waren, wurde ich oft mehr als eine halbe Stunde in Gespräche verwickelt und konnte mich kaum retten, ohne z.B. ein paar Weihnachtskarten zu kaufen, die ich nicht brauchte und die mir auch nicht gefielen. Ich kaufte sie nur, um die Person wieder loszuwerden und um mein Gewissen zu beruhigen.

Meine Kindheit verlief ähnlich: In der Schule fiel ich nie auf. Im Unterricht wurde ich kaum aufgerufen und versteckte mich regelrecht, um nichts vor der Klasse sagen zu müssen. Ich hoffte immer, dass ich mich irgendwie durch das Leben mogeln könnte. Ich wurde weder zum Klassensprecher noch zum Schulsprecher gewählt – das versteht sich von selbst. Das traute ich mir schon gar nicht zu. Oft war es mir zu peinlich, beim Lehrer noch einmal nachzufragen, wenn ich etwas nicht verstanden hatte. Ich hatte Angst davor, meine Klassenkameraden könnten über mich lachen und mich zum Gespött machen. Ich konnte keine Witze erzählen und keine Blödeleien veranstalten. Das überließ ich den Wortführern aus meiner Klasse. Sie waren laut und witzig, so musste ich keine Anstrengungen unternehmen und konnte über deren Witze lachen. Wenn mich Mitschüler ärgerten oder gemeine Sachen zu mir sagten, wehrte ich mich kaum. Ich ertrug die Blamage und hoffte, dass sie bald von mir ablassen würden. Ich ärgerte mich manchmal tagelang über jemanden, ohne ihm meine Meinung zu sagen.

Unabhängig davon, ob Schüchternheit bei Männern oder bei Frauen auftritt: Sie beeinflusst das Leben der Betroffenen entscheidend. Schüchternheit hat die gleichen Ursprünge – bei beiden Geschlechtern.

Haben Sie sich an einigen Stellen in meiner Geschichte wieder erkannt? Erging es Ihnen manchmal oder fast immer genau so?
Haben Sie sich auch immer gefragt, woran es liegt, dass manche Menschen immer bekommen, was sie sich wünschen, manche aber immer leer ausgehen oder – warum genau *Sie* Hemmungen dabei haben, mit Männern zu flirten?

Wir wünschen uns alle, selbstbewusst aufzutreten, keine Hemmungen zu haben und ganz entspannt und zufrieden das Leben zu meistern.

Wie Sie bestimmt bemerkt haben, spreche ich von *Selbstbewusstsein*. Mangelndes Selbstbewusstsein kann zu einem stetigen Lebensbegleiter werden. Es äußert sich in zu schnellem Nachgeben, Passivität, Ängsten, Hemmungen usf. Als ich mir darüber klar wurde, war ich schon ca. 28 Jahre alt. Eine sehr lange Zeit ist also vergangen, in der ich nie aktiv mein Leben gestaltet habe. Ich habe reagiert anstatt zu agieren. Ich habe zugehört, anstatt selbst zu sprechen. Ich habe nachgegeben, anstatt mich durchzusetzen.

Jeder kann sich ändern. Auch ich habe mich geändert. Heute verfüge ich über ein gesundes Selbstbewusstsein. Das Leben verläuft leichter für mich und ich wünsche mir, nie mehr so schüchtern zu sein wie früher.

Mein heutiges Leben sieht so aus: Wenn ich eine Party besuche, entscheide ich frei, wen ich anspreche. Ich führe auch mit fremden Personen interessante Gespräche, stelle ihnen Fragen und erfahre sehr viele Dinge, die mir sonst immer verborgen waren. Ich schließe viele neue Bekanntschaften, aus denen sich auch manchmal Freundschaften entwickeln.

Gefällt mir eine Frau, gehe ich auf sie zu und spreche sie ohne Hemmungen an. Ich erröte dabei nicht, denn ich empfinde es nicht als peinlich, sie anzusprechen. Ich unterhalte mich mit ihr so lange, bis ich einschätzen kann, ob wir die gleiche Wellenlänge haben. Wenn das nicht der Fall ist, habe ich keine Probleme, mich höflich zu verabschieden und meines Weges zu gehen. Ich habe keine Angst vor sehr schönen Frauen – im Gegenteil. Wenn mir jemand sympathisch ist, unterhalte ich mich sehr lange. Ist das Gespräch angenehm, überlege ich mir ganz entspannt, wie es weiter geht. Bin ich zu einem Entschluss gekommen, setze ich ihn auch in die Tat um.

Wenn heute jemand bei mir an der Haustür klingelt und mir etwas verkaufen will, sage ich sofort höflich, dass ich nichts benötige und lasse mir keine Produkte mehr andrehen.

Mir ist es nicht mehr peinlich etwas zu einem Gespräch beizutragen. Ich überlege vorher nicht andauernd, was die anderen Personen über mich denken werden, wenn ich etwas sage. Ich habe keine Angst mehr, dass jemand über mich lachen könnte.

Wenn ich in einem Geschäft etwas kaufen will, gehe ich sofort auf den Verkäufer zu und teile ihm meine Wünsche mit. Erfüllt er diese nicht, ist er unfreundlich oder vertröstet mich auf später, sage ich ihm die Meinung und gehe woanders einkaufen. Dabei habe ich kein schlechtes Gewissen – auch wenn er mich lange beraten hat – das ist schließlich sein Beruf.

Wenn ich zum Arzt muss, rufe ich vorher an und frage, ob der Termin auch eingehalten wird, da ich nicht bereit bin, länger als eine Viertelstunde zu warten. Funktioniert das nicht, sage ich den Termin ab und gehe zu einem anderen Arzt, der sich um mich bemüht. Ich frage den Arzt nach allen medizinischen Begriffen und was in den Medikamenten enthalten ist, die er mir verabreicht oder verschreibt. Ist er arrogant oder behandelt er mich von oben herab, suche ich das nächste Mal einen anderen Arzt auf. Gibt er mir einen Termin, schlage ich vorher in meinem Terminkalender nach und verlange gegebenenfalls einen anderen Termin, anstatt meinen ganzen Tagesablauf nach ihm zu richten.

Ich fühle mich heute in Gegenwart von vielen fremden Personen ruhig und entspannt. Ich mache mir keine unnötigen Gedanken mehr darüber, was andere Personen von mir halten könnten. Meine Meinung vertrete ich selbstsicher und konsequent. Wenn jemand anderer Meinung ist, ist das noch lange kein Grund für mich, sofort meine eigene Einstellung über Bord zu werfen. Ich höre mir trotzdem sehr gerne die Gedanken meiner Gesprächspartner an, obwohl ich nicht immer der gleichen Meinung bin. Entsteht während des Gesprächs eine Pause, fühle ich mich nicht mehr dafür verantwortlich, es andauernd in Gang halten zu müssen.

Meine Erfahrungen zeigen Ihnen eine wesentliche Tatsache:

Jeder kann sich ändern – Sie auch!

Wie Sie sich ändern können und welche Konsequenzen das für Sie hat, erkläre ich Ihnen an späterer Stelle. Sie haben dieses Buch aus einem bestimmten Grund gekauft: Sie haben das Gefühl, noch etwas lernen zu können oder weil Sie das Bedürfnis verspüren, sich zu ändern. Sie wissen nur nicht, wie Sie das alleine bewerkstelligen sollen. Mit einfachen Übungen werden Sie Schritt für Schritt immer ein wenig mutiger werden. Schüchtern zu sein, wird Ihnen dann zwar noch ein geläufiger Begriff sein – Sie werden aber verstanden haben, warum nur *Sie* etwas dagegen tun können.

Die so genannte *Schüchternheit* oder wie wir sie im Sprachgebrauch abfällig nennen: *Verklemmtheit* oder *Hemmung* ist keine angeborene Schwäche. Sie ist vielmehr eine Verhaltensweise, die wir aus unserer Erziehung erworben, von Eltern, Erwachsenen und Freunden abgeschaut und aus Erfahrung in unser eigenes Leben übernommen haben. Merken Sie sich: Schüchternheit ist eine *angelernte* Verhaltensweise. Sie waren als Kind vielleicht nur etwas sensibler als Ihre Altersgenossen.

Schauen Sie in einen Kinderwagen, wird Sie das Kind anlächeln. Das ist eine ganz natürliche Verhaltensweise. Es wird sich nicht wegdrehen und schüchtern verstecken. Es nimmt ganz natürlich mit Fremden Kontakt auf. Auch Sie haben das einmal so gemacht. Können Kinder dann sprechen, haben sie viele Fragen und richten Sie an Erwachsene. Sie haben bestimmt schon einmal die Erfahrung gemacht, von einem Kind ganz direkt etwas gefragt worden zu sein. Es sind direkte Fragen, die Kinder ohne zu überlegen, was Ihr Gesprächspartner darüber denken wird, einfach stellen. Deshalb belustigen oder blamieren Sie uns auch ab und zu, weil sie genau das aussprechen, was wir vielleicht in diesem Moment auch denken, aber selbst nicht sagen würden. *„So etwas kann man doch nicht sagen!"*, denken wir. Die Verhaltensweise der Kinder ist aber die natürlichste, die es gibt. Ohne Schüchternheit stellen sie auch „peinliche" Fragen, gehen allem auf den Grund und sagen genau das, was sie denken.

Werden wir älter, sagt man uns, dass wir nachzudenken haben, bevor wir sprechen. Wir fangen also an, vorher unsere Worte abzuwägen. Das kann soweit gehen, dass wir uns gar nicht mehr trauen, überhaupt etwas zu sagen. Wir sind ab diesem Zeitpunkt stiller und hören zu.

In früheren Generationen war es ganz normal, dass die Erwachsenen sagten: *„Sei still bis Du etwas gefragt wirst!"* Wir lernten so Tag für Tag, dass eine für uns ganz natürliche Verhaltensweise immer mehr in der Gesellschaft auf Kritik stößt. Die Eltern sind für uns aber in diesem Alter eine Existenzgrundlage. Wir sind noch nicht so selbstständig, dass wir mit Ihnen darüber diskutieren könnten. Verhalten wir uns in den Augen der Erwachsenen „falsch", ernten wir immer Kritik. Wir meinen nun, dass sie uns die Liebe und Zuneigung entziehen könnten, wenn wir nicht brav sind. Deshalb überdenken wir unsere Verhaltensweisen und ändern uns.

Jeder von uns hat diese angeborene natürliche Kommunikationsgabe in sich, die nur nicht mehr gefördert, sondern als negative Eigenschaft verschüttet wurde. Wir müssen Sie nur wieder aktivieren. Jeder kann das – auch Sie! Zwar wird es manchmal nicht einfach sein und Sie müssen Ihren inneren Schweinehund sowie Ihre Ängste überwinden – aber eine Änderung ist möglich.

Eine Änderung ist immer mit Angst verbunden. Müssen wir etwas zum ersten Mal tun, haben wir Angst davor. Wir kennen das Gefühl. Wir hatten es z.B. auch an unserem ersten Schultag, vor unseren ersten Arbeitstagen, in unserer ersten Fahrstunde usf. Mit der Zeit lässt die Angst nach und wir haben uns an das Neue gewöhnt.

Ängste sind ganz natürlich ...

Natürlich habe ich selbst auch Ängste. Es ist uns allen nicht möglich in jeder Situation nur selbstsicher und ohne Hemmungen aufzutreten – mir auch nicht. Ich weiß jetzt aber, wie ich diesen Ängsten begegnen muss, wenn sie auftreten. Ich kenne die Situationen, in denen ich Hemmungen habe, begreife, warum ich genau dabei schüchtern bin und wirke aktiv dagegen. Je länger ich mich mit meinen Ängsten auseinandergesetzt habe und je länger ich mir über deren Ursachen klar geworden bin, desto weniger hemmen sie mich. Ich glaube, kein Mensch schafft es, total angstfrei durchs Leben zu gehen – die einen sind ängstlicher, die anderen mutiger. Ängste sind ganz natürlich, denn sie warnen uns vor möglichen Gefahren.

Ich spreche heute oft über meine Ängste. Ich verdränge sie nicht mehr. Komme ich heute in eine ungewohnte Situation, bekenne ich mich zu meiner Angst. So wie es für viele kein Problem ist, zuzugeben, dass Sie keinen Bungee-Sprung machen würden. Die wenigsten Menschen werden Sie deshalb komisch anschauen. Fast jeder hat diese Angst und wir können uns ohne Schamgefühl mit anderen darüber unterhalten. Manche Personen stürzen sich wagemutig in jedes Abenteuer. Ich – vielleicht auch Sie – gehören nicht dazu. Uns kostet dieses Handeln große Überwindung. Und genau das ist es, was Sie trainieren können.

Keine Angst: Ich werde nicht von Ihnen verlangen, sich an einem Gummiseil in die Tiefe zu stürzen. Diese Form der Überwindung, den sogenannten Todesmut, werden Sie vielleicht nie haben. Es ist auch eine der extremsten Formen, wider seiner Natur zu handeln. Eigentlich sagt der Körper: *„Tue es nicht, Du wirst sterben!"*, andererseits wissen wir, dass wir im Sturz aufgefangen werden und uns nichts passieren wird. Einmal überwiegt die logische Überlegung, einmal die Angst. Diese Situation, in der es um Leben oder Tod geht, – zumindest in unserem Kopf – ist um einiges extremer, als andere Menschen anzusprechen. Hier gibt es nur einen negativen Gedanken, den Sie sich machen könnten: Sie könnten von Ihrem Gesprächspartner abgelehnt werden. Und genau diese Angst wollen wir Stück für Stück überwinden.

Ich will Sie nicht entmutigen. Aber ich weise an

dieser Stelle ausdrücklich darauf hin, dass nur *Sie* sich ändern können. Niemand wird zu Ihnen kommen und Sie bei der Hand nehmen. Ich hoffe, dass Sie das auch nicht erwarten. Helfen Sie sich selbst! Arbeiten Sie an sich, ändern Sie sich – nur dadurch wird sich auch Ihre Situation ändern. Herumsitzen und Jammern hilft Ihnen nicht. Auch mir hat es nicht weitergeholfen, dass ich lange Zeit meines Lebens in der Passivität verbracht habe. Erst als ich aktiv wurde, d.h. auch tatsächlich gehandelt habe, hat sich mein Leben geändert.

Merken Sie sich: Nur Sie können sich ändern! Die Gesellschaft um Sie herum wird Ihnen das nicht abnehmen!
Scheuen Sie diese Mühe nicht, wird sich Ihr Leben ändern. Legen Sie dieses Buch hingegen nach dem Lesen weg und ändern nicht Ihr Handeln, wird sich nichts ändern. Das Lesen dieses Buches kann Ihnen eine Anleitung sein – auch eine Motivation – aber *Sie* sind es, der das Leben selbst in die Hand nehmen muss.

Ich verlange nicht von Ihnen, dass Sie sich schlagartig in einen anderen Menschen verwandeln müssen. Sie leben in festgefahrenen Verhaltensweisen, schon jahrelang. Um diese zu ändern, benötigen Sie auch einige Zeit. Seien

Sie nicht zu ungeduldig mit sich. Aber denken Sie daran: Nur wenn Sie täglich an sich arbeiten, wird sich Ihr Leben ändern, nicht aus heiterem Himmel – und nicht ohne Anstrengung. Arbeiten Sie Schritt für Schritt alle Kapitel in diesem Buch durch und machen Sie den ersten Schritt!

Was ist Schüchternheit?

Um das Problem der Schüchternheit zu lösen, müssen wir uns erst einmal die Formen und die Erscheinungsbilder der Schüchternheit genauer anschauen:

Schüchternheit ist eine Charakterform, die der betreffenden Person folgende Eigenschaften zuspricht:

- scheu
- passiv
- ängstlich
- gehemmt
- vielleicht auch arrogant
- zurückgezogen
- still
- unauffällig

Schüchternheit kann sich in folgenden Verhaltensformen ausdrücken:

- Hemmungen zu haben, auf fremde Personen zuzugehen und neue Kontakte zu knüpfen.

- Hemmungen zu haben, frei vor einer Gruppe zu sprechen und eigene Themen in ein Gespräch einzubringen.

- Ängste zu haben, negativ von Gesprächspartnern beurteilt zu werden.

- Ängste zu haben, ausgelacht zu werden, wenn man seine Meinung oder *überhaupt etwas* sagt.

- Aus Angst lieber zu schweigen.

- Vermeiden von Blickkontakten mit dem Gesprächspartner oder der -partnerin.

- Nervosität bei entstehenden Gesprächspausen zu verspüren.

- Ein unangenehmes Gefühl unter fremden Menschen (z.B. auf Partys, in Restaurants etc.) zu haben.

- Einen übermäßigen Perfektionsanspruch an die eigene Person zu haben.

- Sich Gedanken darüber zu machen, was andere über die eigene Person denken könnten.

- Sich grundlos zu entschuldigen.

- Hemmungen zu haben, Kontakte zum anderen Geschlecht aufzunehmen.

- Sich dabei beobachtet zu fühlen, wie man sich bewegt und wie man sich verhält.

- Angst vor einer eventuellen Ablehnung anderer Personen zu haben, noch bevor überhaupt Kontakt hergestellt wurde.

- Meiden von sozialen Begegnungen, in denen man sich nicht sicher fühlt.

- Die Befürchtung zu haben, vom Gesprächspartner bewertet und eingestuft zu werden.

- Die Furcht zu haben, sich zu blamieren.

- Angst zu haben, dumm, ungebildet, unfähig, schwach oder unsicher zu wirken.

- Angst vor eventuellen unangenehmen Reaktionen anderer Personen einem selbst gegenüber zu verspüren.

- Oft darüber nachzudenken, ob man selbst bei anderen unbeliebt oder beliebt ist.

- Sich Gedanken zu machen, ob man abgelehnt oder in einen Personenkreis aufgenommen und von ihm akzeptiert wird.

Viele dieser Verhaltensformen treten nur vor dem eigentlichen Ereignis auf. Oft kostet es Selbstüberwindung trotz dieser Gedanken die geplante Handlung auszuführen. Unangeneh-me Situationen werden deshalb möglichst ver-mieden.

Der Übergang von Schüchternheit zur „sozialen Phobie" ist fließend.

Eine soziale Phobie äußert sich im Extrem-fall in der vollständigen Vermeidung sozialer Begegnungen. Zusätzlich gibt es körperliche Symptome, die diese Angst begleiten: Zit-tern, erhöhte Pulsfrequenz, Schweißausbrüche, Atembeschwerden und Erröten. Die betroffenen Personen leiden nicht nur unter starken Ängs-ten, sondern auch unter den damit verbunde-nen körperlichen Reaktionen, die meist noch verstärkend wirken. Der Zustand kann in der vollständigen Isolation und in der Depression münden.

Erinnern Sie sich nun einmal an bestimmte Situationen und wie Sie sich darin selbst ver-halten haben:

- Bei einem Restaurantbesuch
- Bei der Kontaktaufnahme mit einer unbekannten Person
- Beim Einkaufen

- In der Kneipe
- Unter Freundinnen, wenn unbekannte Personen hinzukommen
- Beim Gespräch mit Ihrem Chef
- Beim Gespräch mit Ihrem Arzt
- Beim Gespräch mit einer unbekannten Person
- Beim Gespräch mit einem attraktiven Mann
- Beim Gespräch mit einem Verkäufer oder Vertreter
- In einer anderen Situation mit einer fremden Person (Mann oder Frau)

Übung 1

Machen Sie sich jetzt ein paar Notizen, wie Sie sich in unterschiedlichen Situationen verhalten haben und wie Sie sich dabei gefühlt haben! Es ist wichtig, Gedanken und Gefühle auch einmal schriftlich zu Papier zu bringen, da sie sonst nicht so leicht offensichtlich werden. **Tun Sie diesen Schritt, um sich erst einmal klar über sich selbst zu werden.**

Legen Sie los! Damit es für Sie leichter ist, gebe ich Ihnen ein kleines Beispiel: *„Ich sage in einem Restaurant immer, dass es mir geschmeckt hat, obwohl das Essen ab und zu nicht meinen Erwartungen* entspricht. Ich ärgere mich dann darüber, dass ich soviel Geld ausgegeben habe, sage der Bedienung aber nichts davon. Zudem habe ich beim Essen manchmal ein etwas seltsames Gefühl – als ob mich die anderen Gäste beobachten würden. Dann versuche ich ganz ordentlich und vornehm zu essen und nichts zu verschütten. Fällt mir etwas vom Teller schaue ich mich um, ob es auch niemand gesehen hat, denn das ist mir sehr peinlich." So ähnlich könnte auch eine Ihrer erlebten Situationen aussehen. Schreiben Sie sie jetzt auf. Wenn der Platz hier nicht ausreicht, nehmen Sie sich ein extra Blatt:

....

....

....

....

....

....

....

....

....

Eine Art von Schüchternheit kommt selten allein ...

Wie Sie vielleicht gesehen haben, kommt z.B. das Problem: „Hemmungen, einen Mann anzusprechen" selten alleine vor. Es ist meist eine allgemeine Versagensangst oder ein Problem bei der Kontaktaufnahme zu fremden Menschen. Auf den Punkt gebracht ist es eigentlich nur ein Gedanke, der die Kontaktaufnahme mit anderen Personen stört:

Angst.

Natürlich gibt es noch viele weitere unangenehme Gefühle, wie z.B. die Angst in einem Gespräch nicht mehr weiter zu wissen oder die Angst nichts Intelligentes beitragen zu können etc. Diese Ängste lassen sich trotzdem meist alle auf eine der beiden „Urängste" zurückführen: Die Angst, eventuell abgelehnt zu werden und die Angst, bei der bevorstehenden Handlung zu versagen.

Übung 2

Lesen Sie jetzt noch einmal Ihre Notizen durch. Überlegen Sie sich, welche der beiden Ängste Sie in der jeweiligen Situation hatten. Notieren Sie sich auch diese Erkenntnis. Sie sind jetzt schon einen entscheidenden Schritt weiter. Sie wissen, welche Ängste Sie haben. Nun werden Sie daran arbeiten, sie Schritt für Schritt zu überwinden! Freuen Sie sich darauf? Dann lesen Sie weiter.

Ein kleines Beispiel, das den Gegensatz zwischen einer selbstbewussten Person (Klara) und einer schüchternen Person (Simone) zeigt:

Klara und Simone sind beide zu einer Party eingeladen. Beide Frauen sind befreundet.

Vor der Party:

Als Klara die Einladung erhält, freut sie sich sehr darüber. Sie überlegt sich schon, wer noch alles auf die Party kommt und ob ihr vielleicht ein netter unbekannter Mann begegnen wird. Sollte dieser Glücksfall nicht eintreten, wird sie trotzdem nette Leute treffen, mit denen sich auch der ein oder andere angenehme Kontakt ergeben kann. Vielleicht ist ja der ein oder andere auf der gleichen Wellenlänge und es ergibt sich eine Freundschaft daraus.

Als Simone die Einladung erhält, ruft sie erst einmal Klara an, ob diese auch eine Einladung erhalten hat und fragt sie, wann sie auf der Party erscheinen wird, damit sie sich nicht mit unbekannten Personen unterhalten muss. Sie überlegt sich, wer alles kommen könnte. Sie überlegt sich, ob sie überhaupt hingehen soll. Sie denkt darüber nach, was sie anziehen soll, damit sie „nicht so auffällt". Sie fragt nach, was sie mitbringen soll und ob dies oder jenes recht sei.

Während der Party:

Klara erscheint eine Stunde später bei der Party als vereinbart. Für Simone, die pünktlich erschienen ist, ist diese Zeit eine Tortur. Nach der Begrüßung durch den Gastgeber nimmt sie sich ein Glas und verzieht sich in eine Ecke, um nicht so aufzufallen.

Klara geht mit dem Gefühl auf die Party, dass sie nette neue Leute kennen lernen wird. Sie sieht sich im Raum um, ob jemand ihren Blick aufnimmt, knüpft Kontakte, geht herum und begrüßt auch fremde Personen. Ein Mann an der aufgebauten kleinen Bar scheint allein hier zu sein. Sie stellt sich neben ihn, lächelt, sagt freundlich „Hallo" und lässt sich ein Getränk reichen. Daraufhin fragt sie den Mann, ob er auch Arzt sei, wie der Gastgeber. Er lacht und verneint – er sei eine Freund von früher. Klara stimmt ihm zu, dass sie auch eine Freundin von früher sei und fragt nach, wann er ihn denn kennen gelernt habe. Daraus ergibt sich ein sehr nettes Gespräch. Klara steht ca. eine Stunde an der Bar. Ihr ist nicht langweilig, da sie sich angeregt unterhält. Sie erfährt, dass der Mann Bernd heißt, seit einem Jahr Single ist, vor drei Jahren in die Stadt gezogen ist, in welchem Beruf er arbeitet, dass er gerne nach Asien in Urlaub fährt usf. Da er mit der Bahn gekommen ist, bietet sie ihm an, ihn nach der Party nach Hause zu fahren. Dieses Angebot nimmt er dankend an. Klara unterhält sich noch mit Claudia, die ihr von ihrer neuen Bekanntschaft vorgestellt wird. Claudia hat durch Zufall einmal in der gleichen Firma wie Klara gearbeitet. Daraus ergibt sich ein lustiges Gespräch über Personen, die noch in der Firma beschäftigt sind und die die beiden kennen. Als es dem Ende der Party zugeht, bittet Klara Bernd, mit ihr nach Hause zu fahren und die beiden verlassen die Party.

Simone hingegen kommt erst aus ihrer stillen Ecke als sie sieht, dass Klara gekommen ist. Sie hat bis jetzt – außer mit dem Gastgeber – mit fast niemandem ein Wort gewechselt. Wenn sie etwas sagt, sind ihre Sätze kurz und knapp, dann nippt sie wieder an ihrem Getränk, um keine Pause aufkommen zu lassen. Ihre Gesprächspartner lassen sehr schnell von ihr ab und sie steht wieder alleine da. Sie begrüßt Klara und stellt sich zu ihr. Sie steht immer noch bei ihr, als Klara einen Mann anspricht, der an der Bar sitzt. Sie mustert ihn und sagt nur so leise *„Hallo"*, dass Bernd Simone noch nicht einmal bemerkt. Sie wendet sich ab und denkt: *„Was für eine arroganter Typ, den die Klara da schon wieder abschleppen will!"* Sie beobachtet die beiden und nimmt sich noch ein Getränk. Lachen sie und versuchen Simone in das Gespräch einzubeziehen, lächelt sie nur kurz, trägt aber nichts zum Gesprächsverlauf bei. Sie hat sich dazu entschieden, lieber zuzuhören. Ihr wird auch eine Frau namens „Claudia" vorgestellt. Aber sie weiß nicht recht, was sie überhaupt mit ihr reden soll. Sie verlässt sich lieber auf Klara, die das Gespräch schon in Gang halten wird. So geschieht es auch. Die beiden kommen sehr schnell darauf, dass sie Gemeinsamkeiten haben. Simone hört interessiert zu – aber dazu kann sie jetzt erst recht nichts mehr beisteuern. Es ist ihr sogar angenehm, dass sie nichts sagen muss. Sie lauscht den Erzählungen. Einige sind sogar für sie lustig. Und sie entspannt sich etwas. Sie hätte sich gerne länger mit Klara unterhalten. Aber die wird in ihren Augen „so sehr in Beschlag genommen" und interessiert sich im Augenblick auch nicht für sie. Als sie mitbekommt, dass Klara zusammen mit Bernd die Party verlässt, denkt sie sich: „*Das hätte ich mir heute Abend auch sparen können! Ich habe mit meinen Vermutungen ganz richtig gelegen. Es waren keine interessanten Leute da. Und unterhalten konnte ich mich auch nicht. Die Männer, die zu der Party gekommen sind, waren zwar ganz ok – aber der richtige war nicht dabei. Klara war so in Beschlag genommen, dass ich mich überhaupt nicht mit ihr unterhalten konnte. Der Abend war total unbefriedigend für mich.*"

Nach der Party:

Klara bringt Bernd nach Hause. Er wohnt in einem Stadtteil, den sie nicht so gut kennt. Sie unterhalten sich darüber und tauschen ihre Telefonnummern aus, denn sie finden sich sympathisch. Klara denkt in den nächsten Tagen auch an Claudia und spricht ihre Arbeitskollegen darauf an. Sie sind erfreut, wieder etwas von Claudia zu hören und daraus ergeben sich nette Gespräche.

Simone verlässt kurz nach Klara die Party. Sie sagt sich, dass sie eben nicht ein solches Talent hat wie ihre Freundin. So leicht wie sie möchte sie es selbst auch einmal haben. Sie denkt sich: „*Ich bin eben uninteressant. Ich kann nicht so viel reden wie Klara. Außerdem weiß ich nicht, was ich überhaupt sagen soll – wie ich ein Gespräch beginnen soll. Es dreht sich ja nur um banale Dinge. Darüber mag ich mich nicht unterhalten. Außerdem sehe ich nicht so gut aus wie sie. Daran wird es liegen."*

Kommen Ihnen einige Details bekannt vor?

Einige Menschen haben scheinbar von Natur aus ein unglaubliches Talent, auf fremde Personen zuzugehen, mit ihnen ein Gespräch zu führen und Freundschaften zu knüpfen – wie Klara.
Einige Menschen hingegen scheinen ein Leben wie Simone zu führen. Sie haben Schwierigkeiten dabei, Kontakte zu knüpfen und sich mit fremden Personen zu unterhalten.

Simone ist deshalb kein minderwertiger Mensch – sie hat nur eine natürliche Stärke, nämlich die „Kontaktfreude" verkümmern lassen. Sie macht sich selbst immer kleiner und passiver, indem sie sich selbst zusätzlich negative Gedanken macht:

Simone denkt z.B.:

„Werde ich mich auf der Party unterhalten können? Wenn Ja, mit wem?"
„Was soll ich anziehen?"
„Ich bin mir nicht sicher, wie ich ein Gespräch begin-

nen soll."

„Ich halte mich lieber zurück."

„Ich finde ein solches Gespräch banal, deshalb begin-
ne ich es nicht."

„Was soll ich denn Interessantes erzählen?"

„Ich sehe nicht so gut aus."

„Ich will mich doch nicht aufdrängen."

Wäre es aber nicht schön, ein Leben wie Klara zu führen und genauso wie sie, selbstsicher durch die Welt zu gehen, mit jeder beliebigen Person zu sprechen und sich dabei wohl zu fühlen?

Dann sollten Sie anfangen, an sich zu arbeiten. Auch Sie können es schaffen, so selbstsicher wie Klara zu werden. Es ist ein Weg, der Überwindung kostet – der aber von Tag zu Tag leichter wird. Irgendwann werden Sie dann so wie ich an frühere Tage zurückdenken, lachen und zu sich selbst sagen: *„Wie habe ich mich doch damals unnatürlich und verklemmt verhalten. Jetzt ist Gott sei Dank alles besser!"*

Denken Sie einmal darüber nach, wie oft Sie täglich mit Menschen in Kontakt kommen: Bäcker, Postbote, Bankbeamte, Kassierer, Verkäufer, Schaffner, Busfahrer, Kollegen, Kunden, Chef, Freunde, Bekannte, Familie und viele mehr. Jede dieser Personen hat einen manchmal kurzen, manchmal längeren Kontakt mit Ihnen. Sie können die Zeit entweder dazu nutzen, ein Gespräch zu beginnen oder sich sofort abwenden und keine Kommunikation aufkommen lassen.

Sie haben die Wahl: entweder handeln Sie *aktiv* oder bleiben Sie *passiv*. Diese zwei Möglichkeiten haben Sie bei jedem Kontakt zu einem anderen Menschen!

Von Klara und Simone haben wir gelernt, dass beide Personen die gleichen Voraussetzungen für den Abend hatten. Sie hatten beide eine Einladung. Klara war aktiv, Simone war passiv. Wäre Simone aktiv gewesen, hätte sie vielleicht auch einen netten Mann kennen gelernt und sich mit ihm unterhalten. Sie hätte auf jemanden zugehen können und mit ihm ein Gespräch beginnen können, anstatt nur abzuwarten. Sie zog es jedoch vor, in ihrer Passivität zu verharren. Also nur das, was Klara und Simone aus dem Abend *machten* war verschieden! Diese Redewendung mag banal klingen, hat aber mehr Inhalt als viele Menschen denken:

Aus dem Abend etwas *machen*, bedeutet:
Machen und nicht nur passiv zusehen und zuhören – sondern selbst *handeln* und die Abendgestaltung *aktiv beeinflussen*. Wenn Sie Ihre Le-

bensgestaltung nicht selbst in die Hand nehmen, wird sie immer zu großen Teilen anderen überlassen.

Sie wissen also jetzt, dass nur *Sie* Ihre eigene Situation verändern können. Niemand sonst wird Ihnen das abnehmen. Auch dieses Buch nicht!

Sie müssen anfangen zu handeln und nicht mehr passiv dasitzen und grübeln. Natürlich geht das nicht im Handumdrehen – aber Schritt für Schritt. Sind Sie dafür bereit? Dann beginnen jetzt die praktischen Übungen, die Sie Zug um Zug aktiver machen und Ihre Ängste überwinden lassen.

Noch ein wichtiger Hinweis:
Schüchternheit ist oft ein jahrelang andauernder Zustand. Der Wille allein genügt leider nicht, diese eingefahrenen Verhaltensweisen zu ändern. Es wird Übung nötig sein, um ans Ziel zu kommen und sich von einem passiven in einen aktiven Menschen zu verwandeln. Wenn Sie diese Zeit für sich investieren wollen, ermutige ich Sie sehr. Fangen Sie an – jetzt!

Wir beginnen mit folgender Aufgabe:

Übung 3

Wenn Sie das nächste Mal das Haus verlassen, fragen Sie den ersten Menschen, der Ihnen in die Quere kommt, nach der Uhrzeit. Entschuldigen Sie sich nicht dafür! Sagen Sie einfach: *„Guten Tag! Könnten Sie mir bitte sagen, wie viel Uhr es ist?"* Haben Sie die Antwort erhalten, bedanken Sie sich freundlich, verabschieden sich und schauen Ihrem Gesprächspartner dabei direkt in die Augen.

- Lächeln
- Blickkontakt halten
- Entschuldigung vermeiden
- Freundlich bedanken

Sie werden jetzt vermutlich sagen, dass das zu einfach ist. Versuchen Sie es trotzdem einmal und achten Sie darauf, *alle* Punkte zu erfüllen. Machen Sie diese Übung jeden Tag! Nur so wird Ihnen eine natürliche Kontaktaufnahme zur Gewohnheit und Sie müssen sich irgendwann nicht mehr dazu überwinden. Falls es Ihnen schwer fällt Männer anzusprechen, fragen Sie zuerst eine Zeit lang Frauen. Dann wagen Sie sich an das andere Geschlecht.

Fühlen Sie sich sehr sicherer, wagen Sie sich an die nächste Aufgabe.

Übung 4

Wenn Sie das nächste Mal an einem Schalter oder an einer Kasse stehen (Bahn, Post, Bank etc.) fangen Sie mit der Person am Schalter ein Gespräch an. Sie werden sich jetzt wahrscheinlich fragen: *„Was soll ich denn zu dieser wildfremden Person sagen?"* Nun, es gibt unzählige Themen, über die Sie mit fremden Personen sprechen können. Die Themen sind entweder aus der Arbeit oder dem Umfeld der Person abgeleitet oder behandeln Themen, die jeden von uns betreffen:

Gespräche über allgemeine Themen:

• Über das Wetter:

„Heute regnet es ja schon den ganzen Tag."
„Jetzt haben wir endlich mal wieder schönes Wetter!"

Sie wundern sich vielleicht, dass man mit einem so unverfänglichen Thema ein Gespräch beginnen kann. Aber die meisten Menschen sprechen über das Wetter. So ein Gespräch könnte so aussehen:

A: „Heute regnet es ja schon den ganzen Tag."

B: „Ja, das ist wirklich nicht zum aushalten. Hoffentlich wird es bald besser."

A: „Der Wetterbericht sagt für Donnerstag besseres Wetter an."

B: „Das ist ja schön, das habe ich noch nicht gewusst. Es deprimiert mich auch immer so, wenn zu lange regnet."

A: „Oh ja, mir geht das genauso.

und so weiter …

Gespräche, die sich aus der Arbeit oder dem Umfeld ergeben:

- Arbeitszeiten:

  „Sie müssen ja ganz schön lange arbeiten."

- Gebäude:

  „Sie arbeiten in einem schönen Gebäude hier. Ist das renoviert?"

Beachten Sie:

Dies alles sind Vorschläge, die Sie getrost abwandeln können. Überlegen Sie sich jetzt, über welche Themen Sie z.B. mit einem Postbeamten sprechen könnten. Schreiben Sie sie auf:

....

....

....

....

....

....

....

....

....

Es sind die einfachsten und banalsten Dinge, die ein Gespräch entstehen lassen. Sie müssen nicht sonderlich kreativ sein oder super aussehen, um ein Gespräch zu beginnen. Machen Sie sich frei von dem Gedanken, alles sehr intelligent wirken zu lassen. Der Anfang eines Gesprächs ist nicht dazu da, sofort mit der Tür ins Haus zu fallen. Keiner verlangt von Ihnen, sofort über Einsteins Relativitätstheorie zu sprechen. Ebenso ist es unangebracht zu einem Mann, den Sie noch nie in Ihrem Leben gesehen haben, zu sa-

gen: *„Ich will mit Dir schlafen!"*
Dieses Verhalten ist zwar originell – aber in den seltensten Fällen werden Sie damit auch Erfolg haben. Geben Sie Ihrem Gesprächspartner genug Zeit, sich auf Sie einzustellen.

Ein erstes Gespräch ist wie eine Art Pingpongspiel, das keine besondere Schlagfertigkeit oder Rhetorik benötigt. Es ist eine einfache Art, freundlich zu kommunizieren. In England ist diese Art der Konversation so freundlich und kultiviert, dass man sich auch eine halbe Stunde *nur* über das Wetter unterhalten kann. Das Wichtigste bei dieser Übung ist: Sie verlieren die Scheu, sich mit fremden Personen zu unterhalten. Sind Sie in der Konversation sicherer, gehen Sie den nächsten Schritt an.

Sie werden bemerken, dass Ihnen dieses *Spiel* vielleicht am Anfang noch Probleme bereitet: Sie werden etwas nervös sein, vielleicht feuchte Hände haben oder Ihr Mund wird trocken sein. Sie werden sich vielleicht auch *überwinden* müssen, zu handeln. Je öfter Sie jedoch diese Übungen machen, desto mehr wird dieses Verhalten für Sie zur Normalität werden, und Sie werden keine Angst mehr davor haben, fremde Personen anzusprechen.

Übung 5

In der letzten Übung haben wir uns an Personen gewandt, die an den täglichen Umgang mit Menschen schon von berufswegen gewohnt sind. Jetzt wagen wir uns einen Schritt weiter vor.

Die neue Übung gestaltet sich wie folgt:

• Wenn Sie in einer Schlange stehen, sprechen Sie den Vorder- oder Hintermann an. Das Gespräch kann sich z.B. über die Länge der Schlange drehen, über die langen Wartezeiten oder über den Gegenstand, den Ihr Gesprächspartner bezahlen will.

• Setzen Sie sich in der Kantine an einen Tisch mit unbekannten Personen und beginnen Sie ein Gespräch. Auch hier müssen Sie sich nicht stressen. Fangen Sie mit einem Gespräch über das Wetter an, das Ihnen ja inzwischen geläufig ist.

• Klingeln Sie bei Ihrer Nachbarin und fragen Sie sie, ob Sie sich etwas ausleihen können. Sprechen Sie mit ihr über das, was Sie vorhaben (z.B. mit einer Nadel, einem Hammer etc.). Wenn Sie den Gegenstand zurückbringen, erzählen Sie der Nachbarin, was Sie damit getan haben und führen so ein längeres Gespräch. Fragen Sie z.B. nach, ob sie im Haushalt viel selbst erledigt. Wenn Sie sich ausgetauscht haben, bedanken Sie sich für die Leihgabe und verabschieden sich.

Sie können sich während dieser Übung natürlich steigern und mit einfacheren Gesprächen, die Sie kurz halten, beginnen. Üben Sie sich dann darin, immer einen Schritt weiter zu gehen und nicht auf der Stelle zu verharren. Das Ziel ist noch nicht erreicht! Fordern Sie sich und überwinden Sie Ihren inneren Schweinehund möglichst oft. Nur dann, wenn Sie unzählige Gesprächsvariationen und Kontakte gemeistert haben, wird dieses Verhalten auch für Sie zum ganz *normalen* Verhalten werden. Nur wenn Sie an sich arbeiten, wird sich auch etwas an Ihrem Leben ändern. Nur Sie haben das Zeug dazu und diese Arbeit wird Ihnen niemand abnehmen. Es mag manchmal unangenehm für Sie sein und Sie manchmal regelrecht Überwindung kosten – aber jede Kontaktaufnahme macht Sie ein klein wenig stärker, selbstbewusster und mutiger.

Die oben genannten Beispiele können Sie auch abwandeln. Sprechen Sie die Menschen an, die Ihnen in den Sinn kommen. Wenn Sie dabei denken: *„Die/Den da aber nicht!"*, ist das ein Zeichen Ihrer Angst. Dann sollten Sie genau *das* versuchen. Nur wenn Sie Ihre Hemmschwelle immer wieder überwinden, wird sie niedriger werden.

Wie Sie mit Ablehnung umgehen ...

Haben Sie die Übungen gemacht, werden Sie bemerkt haben, dass nicht alle Menschen gleich sind. Einige Menschen haben Ihnen ihre halbe Lebensgeschichte erzählt, andere reagierten mürrisch, vielleicht nur mit einem einzigen Wort und wandten sich ab.

Das ist ganz normal!

Das Verhalten der Gesprächspartner ist aber nicht auf Ihre Person bezogen. Manchmal ist derjenige nicht in der Stimmung, hat schlechte Laune oder keine Zeit. Er ist unter Umständen vielleicht schüchtern und weiß nicht recht, wie er mit der Situation umgehen soll, plötzlich antworten zu müssen. Denken Sie auch daran, wie Sie selbst reagiert haben, wenn Sie angesprochen wurden. Beziehen Sie diese Ablehnung deshalb nicht auf sich und vermeiden Sie sich negative Gedanken diesbezüglich zu machen. Hatten Sie einmal einen Misserfolg bei einer Konversation, denken Sie an das nächste schöne Gespräch, das Sie führen werden und nicht an alles Negative, das man Ihnen vielleicht entgegnet hat. Es ist bei dieser Übung in erster Linie wichtig, dass Sie lernen, aktiv zu werden. Keiner verlangt von Ihnen, mit jedem Menschen befreundet zu sein und lange Gespräche zu führen. Führen Sie die Gespräche vollkommen zwanglos! Wenn Ihnen etwas einfällt sagen Sie es, wenn Ihnen nichts mehr einfällt, verabschieden Sie sich. Sie müssen deshalb kein schlechtes Gewissen haben. Sie machen alles richtig. Es ist eine ganz natürliche Sache, mit einem Fremden ein paar belanglose Worte zu wechseln. Sie fügen damit niemandem Schaden zu – das Gegenteil ist der Fall: die meisten Menschen freuen sich, wenn Sie nicht selbst ein Gespräch anfangen müssen und Sie ihnen diesen ersten Schritt abnehmen!

Eines der schönsten Gefühle eines Menschen ist, wenn ein anderer an ihrer Person Interesse zeigt. Deshalb: Zeigen Sie Interesse an Ihrem Gesprächspartner, unabhängig davon, wer es ist!

Ein schöner Satz, ein solches Gespräch zu beginnen, ist:

„Sie haben aber eine schöne Arbeit!", oder
„Wie machen Sie das genau?"

Das mag jetzt für Sie heuchlerisch klingen – aber es schmeichelt den meisten Gesprächspartnern. Ich sagte z.B. einmal zu einem Gemüsehändler, dass mir seine Tätigkeit in einem eigenen Laden sehr gut gefiele. Sie werden sich kaum vorstellen können, was der Mann mir daraufhin alles erzählte: Wann er angefangen hat zu arbeiten, wie lange er das schon macht, wie viel Miete er für seinen Laden zahlen muss, wann er jeden Tag aufstehen muss, warum er auf Angestellte verzichtet, usf.

Es war ein sehr schönes Gespräch, denn mich interessiert es sehr, wie andere Personen ihr Leben meistern.

Wie Schüchternheit entsteht

In unserer Kindheit und Jugend sind wir immer von Erwachsenen umgeben, die uns andauernd sagen, was wir falsch machen. Sind wir sensibel und nicht rebellisch, nehmen wir die Kritik, sei sie begründet oder nicht, schnell auf und ändern unsere bisherigen Verhaltensweisen. Diese Autoritäten sind im Laufe unseres Lebens folgende Personen:

In unserer Kindheit:

- die Eltern und andere Familienmitglieder
- die Erzieher im Kindergarten
- die Lehrer

In unserer Jugend:

- Andere Jugendliche, insb. Clickenanführer
- Meister, Ausbilder, Chefs
- Weitere Lehrer oder Professoren

Im Erwachsenenalter:

- Chefs und Vorgesetzte

Zusätzlich sind noch die Autoritäten zu nennen, die uns ein ganzes Leben lang begleiten:

- Polizisten, Politessen
- Ärzte
- Verwaltungsbeamte

und viele mehr.

Alle diese Personen üben Einfluss auf uns aus. Sie beurteilen und kritisieren unser Verhalten.

In der frühen Kindheit, in der wir noch von unseren Eltern existentiell abhängig sind, sagen unsere Eltern folgendes, um uns zu erziehen:

„Wenn Du jetzt nicht sofort mitkommst, bleibst Du eben alleine dort sitzen!"

„Wenn Du so unartig bist, mag ich Dich nicht mehr!"

„Wasch Dir Deine Hände, sonst bekommst Du heute Abend keinen Nachtisch!"

„Ich habe Dich lieb, wenn Du heute Abend brav bist und artig ins Bett gehst."

Diese „Wenn-dann-Sätze" kennen alle von uns. Wenn nichts mehr weiterhilft, haben unsere Eltern diese Sätze gebraucht, um uns zum Umdenken zu bewegen. Für ein Kind bedeutet ein solcher Satz aber weit mehr als für einen Erwachsenen. Schauen wir uns einmal den ersten Ausspruch an: *„Wenn Du jetzt nicht sofort mitkommst, bleibst Du eben alleine dort sitzen!"*
An einen Erwachsenen gerichtet, würde dieser Satz eher ein Schmunzeln bewirken. Wenn uns jemand so etwas sagt, denken wir, wir haben es mit einer eingeschnappten oder beleidigten Person zu tun. Wir können uns, da wir erwachsen sind, frei entscheiden und entweder dem Erpressungsversuch Folge leisten – oder und das ist der Unterschied zum Kind – z.B. sagen: *„Na gut, verschwinde, lass mich alleine!"*, damit die Situation beenden und alleine sitzen bleiben. Wir wissen als Erwachsene, dass wir nicht existentiell von unserem Gesprächspartner abhängen und frei entscheiden können. Als Kind ist uns

nur eine einzige Entscheidung möglich: Wir verdienen noch kein eigenes Geld, wir haben keine eigene Wohnung, kein Auto – eben keine Möglichkeit zu existieren, als uns mit den Erwachsenen zu arrangieren. Kinder gehen aus diesem Grund auf die Wenn-dann-Forderungen ein. Sie ändern sich, weil sie sich sonst ungeliebt fühlen und – weil ihnen die Existenzgrundlage entzogen werden könnte. Ein Kind denkt also wenn es diesen Satz hört eher: *„Bleibe ich wirklich alleine dort sitzen, verlassen mich meine Eltern – davor habe ich Angst! Wenn ich nicht sofort mache, was meine Eltern von mir verlangen, lassen sie mich im Stich. Sie lieben mich dann weniger – davor habe ich noch mehr Angst. Wenn ich mache, was sie verlangen, werden Sie mich wieder mögen. Ich will von meinen Eltern geliebt und gelobt werden. Deshalb entscheide ich mich jetzt schnell mitzukommen. Das ist das Beste für mich."*

Diese Erziehungsmethode kennen Sie vielleicht. Sie erinnern sich jetzt, wie Sie erzogen wurden. Wenn Sie schon eigene Kinder haben, wird Ihnen vielleicht die ein oder andere Floskel bewusst, die Sie selbst benutzen. Erziehung ist aber ein weites Feld. So fängt es erst an. Die wirklichen Dramen spielen sich meist während der Pubertät ab, in der wir einerseits lernen sollen, selbstständige Personen zu werden, andererseits in einer Familie leben und noch weiter von ihr existentiell abhängen. Viele Eltern sagen dann folgende Worte zu ihren Töchtern, die bei ihnen auch verletzend wirken können:

„Das macht man als Mädchen einfach nicht!"

„Keine Diskussion!"

„So verhält man sich als Mädchen nicht!"

„Du faule Göre!"

„Wir haben [zu unserer Zeit] so etwas nie gemacht!"

„Sag beim Arzt: Guten Tag Herr Doktor. Das ist höflich. Blamiere mich bloß nicht!"

„Widersprich nicht andauernd, du solltest besser zuhören, als andauernd etwas sagen!"

„Keine Widerrede, du machst das jetzt so, wie ich es dir sage!"

„Du ungezogenes Ding!"

„Weshalb arbeite ich eigentlich den ganzen Tag? – Damit meine Tochter hier faul zu Hause rumsitzt?"

„Man bekommt eben nicht immer das, was man sich wünscht, merk dir das."

„Eine gute Tochter macht so etwas nicht."

„Das kannst du später machen, wenn du erwachsen bist."

„Solange du deine Füße noch unter meinen Tisch streckst, …"

„Musst du in der Klasse immer so auffallen?"

„Erst wenn du bessere Noten heim bringst, können wir über … reden."

„Ohne Fleiß, keinen Preis!"

„Ich möchte nur wissen, woher du das hast!"

„Kannst du denn nicht normal sein?"

„Wie kannst du nur so rumlaufen?"

„Nur Schlampen ziehen sich so an wie du!"

Die einen oder anderen Aussprüche werden Sie bereits kennen, oder? Die Liste ließe sich beliebig fortsetzen. Es gibt tausende dieser Sätze, die uns dazu bringen sollten, konform und „brav" zu sein. Nicht nur unsere Eltern redeten so zu uns, sondern auch die Lehrer, die uns in der Klasse unterrichteten.

Zu mir sagte einmal ein Lehrer: *„Wisch Dir mal um den Mund."*

Als ich das tat, sagte er: *„Da hängt die Scheiße dran, die Du gerade gesagt hast!"*

Die Klasse lachte natürlich und ich schämte mich. Am liebsten wäre ich im Boden versunken. Solche Ausfälligkeiten sind aber bei weitem keine Seltenheit. Sie führten allesamt dazu, dass wir auf keinen Fall mehr auffallen und anecken wollten. Wäre das nicht auch das Einfachste für die Lehrer – wenn wir alle gleich wären?

So wurde unser Selbstbewusstsein Stück für Stück abgeschliffen und immer kleiner.

Jetzt sind wir erwachsen – aber eine Erziehung hinterlässt viele Spuren: Wir überlegen nun sehr genau, ob wir das Risiko eingehen sollten, etwas zu sagen oder auf eine bestimmte Weise zu handeln. Dieses Abwägen und Überlegen kann dazu führen, dass wir uns schlicht nicht mehr trauen, überhaupt etwas zu sagen oder etwas zu tun. Es lässt uns in Hemmungen verharren und wir trauen uns vielleicht deshalb sogar nicht, jemanden anzusprechen, der uns gefällt. Wir denken in diesen Situationen dann:

„Kann ich das überhaupt [als Frau] sagen?"

„Was werden die anderen nur über mich denken, wenn ich so etwas sage?"

„Ich sollte mich mit meiner Meinung eher zurückhalten."

„Interessiert die anderen überhaupt, was ich zu erzählen habe?"

„Ich bin sowieso unwichtig, deshalb höre ich lieber zu."

„Es ist nicht so mein Ding, immer etwas zu sagen."

„Ich bin ganz zufrieden, wenn ich nichts sagen muss."

„Es gibt viel wichtigere Personen. Wer interessiert sich denn schon für mich?"

„Einen Arzt spreche ich mit Herr Doktor an. Er ist eine Autoritätsperson."

„Ich traue mich nicht, einen Mann anzusprechen. Er wird sowieso nicht auf mich stehen."

„Mein Chef wird eine Gehaltserhöhung sowieso ablehnen. Da brauche ich erst gar nicht zu fragen."

Kennen Sie diese Gedanken? Es sind Selbstvorwürfe. Wir machen uns mit ihnen viel kleiner, als wir in Wirklichkeit sind. Sie rauben uns den Mut, zu sagen, was wir denken. Sie hemmen uns beim Ausleben unserer wahren Gefühle. Sie verhindern die Kontaktaufnahme und die Kommunikation mit anderen Menschen.

Selbstvorwürfe und Zweifel kreisen andauernd in unserem Kopf, …

• weil wir Angst vor Ablehnung haben:

   Unser Gesprächspartner könnte uns nicht mögen. Er könnte uns nicht lieb gewinnen, sondern sich von uns abwenden. Wir wären dann alleine.

• weil wir Angst vor dem eigenen Versagen haben:

   Unser Gesprächspartner könnte uns für dumm halten. Er könnte sich seine Gedanken über uns machen. Er könnte über uns lachen usf.

Lernen Sie sich selbst zu lieben!

Warum? Nun das ist einfacher als Sie denken: Glauben Sie im Ernst, dass es den geborenen selbstsicheren Menschen gibt? Die Cleopatra, die schon von Kindesalter an die Männer um den Finger wickelt? Es gibt sicher einige Naturtalente. Aber schauen Sie einmal hinter die Kulissen, werden Sie im Laufe Ihres Lebens oft feststellen, dass nichts so ist, wie es scheint. Alle Menschen haben gewisse Schwachpunkte, auch diejenigen, die auf Sie besonders selbstsicher wirken. Aber es gibt einen großen Unterschied, auf welche Weise Menschen mit Ihren eigenen Schwächen und Fehlern umgehen. Ein Beispiel zeigt Ihnen, was ich damit meine:

Klara ist übergewichtig, aber sie ist fröhlich und sagt: *„Ich fühle mich gut, mir könnte es nicht besser gehen. Das bisschen Speck, ich bitte Dich! Ich bin froh, dass ich nicht so ein dürrer Hering bin wie Du. Es gibt viele Männer, die etwas zum Anfassen suchen. Damit habe ich noch nie Probleme gehabt.“*

Simone ist auch übergewichtig, aber unzufrieden mit sich. Sie sagt: *„Ich bin doch viel zu dick. Kein Mann mag so eine fette Frau wie mich leiden. Schau mich doch mal an! Ich brauche gar nicht erst versuchen, einen anzusprechen. Ich mache mich doch* *nur lächerlich!"*

Sehen Sie den Unterschied?
Beide Frauen sind übergewichtig – aber sie gehen anders mit ihren Schwächen um. Klara zieht sich nicht selbst mit ihrem Aussehen herunter, sondern zeigt gesundes Selbstbewusstsein. Sie weiß, dass nicht alle Menschen gleich sein müssen. Sie hat damit keine Probleme *weil sie sich selbst mag*!

Negative Gedanken vermeiden ...

„Wie kann ich denn diese andauernden Selbstvorwürfe ablegen?", werden Sie sich fragen. Nun – das fordert ein gewisses Maß an Selbstbetrachtung.

An einem Beispiel zeige ich Ihnen, wie das funktioniert. Jeder macht sich vor einer bevorstehenden Handlung Gedanken. Will Simone z.B. einen Mann ansprechen, macht sie sich folgende Gedanken:

„Er wird mich nicht mögen. Der Typ Mann steht auf athletische Frauen, die außerdem intelligent sind. Er wird mich sowieso für dumm halten. Außerdem – und das ist furchtbar: Ich bin fett. Er steht bestimmt nicht auf fette Frauen. Außerdem sehe ich nicht so

gut aus. Da lasse ich es lieber.“
Schauen wir uns jeden dieser Sätze einmal genauer an, stellen wir folgendes fest:

„Er wird mich nicht mögen.“
Woher soll Simone das denn wissen? Sie hat sich doch noch nicht mit ihm unterhalten – oder?

„Der Typ Mann steht auf athletische Frauen, die außerdem intelligent sind.“
Das ist ein Vorurteil. Simone denkt, es könnte zutreffen, weiß es aber überhaupt nicht!

„Er wird mich sowieso für dumm halten.“
Woher soll Simone das wissen? Er kennt sie doch überhaupt noch nicht!

„Außerdem – und das ist furchtbar: Ich bin fett. Er steht bestimmt nicht auf fette Frauen. Außerdem sehe ich nicht so gut aus.“
Woher will sie wissen, dass er abgeneigt ist? Es kann genau das Gegenteil zutreffen. Geschmäcker sind verschieden!“

„Da lasse ich es lieber.“
Natürlich lässt sie es lieber, denn sie hat sich ja auch selbst lange genug eingeredet, dass sie keine Chance mehr hat. Ihr Selbstbewusstsein ist am Boden und es ist einfacher für sie, sich

zurückzuziehen. Dann kann sie schon keine schlechten Erfahrungen machen!

Wie Sie sicherlich bemerkt haben, entspricht keiner meiner Gedanken den Tatsachen. Die einen Gedanken beruhen auf Vorurteilen, die anderen auf Dingen, die nur *eventuell* eintreffen könnten.

Tatsache ist aber: *Sie kann nicht wissen,* wie der Mann auf sie reagieren wird. Sie wird es erst wissen, wenn sie sich mit ihm unterhalten hat. Dann erst wird er auf sie reagieren, und sie wird die Antworten auf ihre Fragen erhalten! Was aus dieser Situation entsteht, liegt in ihrer Hand. Auch Sie können ihr eigenes Leben in die Hand nehmen und *aktiv* handeln! Negative Gedanken, die nicht den Tatsachen entsprechen, dienen nur dazu, passiv zu bleiben. Sie liefern uns nur die Begründung für die Fortsetzung unserer eigenen Passivität. Wir belügen uns damit selbst.

Es gibt nichts Schlimmeres, als etwas nicht versucht zu haben!
Merken Sie sich diesen Satz und schreiben Sie ihn hier unten hin, damit er Ihnen immer wieder auffällt:

....

Übung 6

Notieren Sie sich jetzt Ihre eigenen Gedanken, die Sie sich immer machen, wenn Sie einen Mann, der Ihnen gefällt, ansprechen wollen. Wenn Ihnen nichts einfällt, lesen Sie sich noch einmal Simones Gedanken zu dieser Situation durch und überlegen Sie!

Meine eigenen Gedanken:

....

....

....

....

....

....

....

....

....

....

Jetzt schreiben Sie die Dinge auf, die nur den *Tatsachen* entsprechen. Belügen Sie sich dabei nicht! Es ist wichtig, dass Sie diese Übung machen. Nur so werden Sie sich klar über Ihre Gedanken. Auch hier gebe ich Ihnen ein Beispiel:

Simones Gedanken, wenn sie nur auf Tatsachen beruhen:

„Ich kann nicht wissen, ob er mich mögen wird. Vielleicht steht dieser Typ Mann auf athletische Frauen, die außerdem intelligent sind – das kann ich aber erst wissen, wenn ich ihn näher kennen gelernt habe. Ich bin übergewichtig – aber ich kann nicht wissen, was er von mir denkt. Ich finde, dass ich nicht so gut aussehe – aber vielleicht bin ich sein Typ. Ich kann das alles erst wissen, wenn ich mit ihm spreche. Deshalb gehe ich zu ihm und beginne ein Gespräch!

Notieren Sie jetzt *Ihre* Gedanken, indem Sie Ihre negativen Gedanken als Basis nehmen. Formulieren Sie alles so um, dass es den Tatsachen entspricht:

Lesen Sie sich Ihre beiden Texte noch einmal durch und vergleichen Sie sie. Erkennen Sie, dass der Großteil Ihrer ersten Gedanken nur auf Mutmaßungen beruhte, die Sie erst dann wissen können, wenn Sie selbst aktiv werden?

Warum wir es uns mit Selbstzweifeln so schwer machen ...

Nun, das Kind, dass sich um erwachsen zu werden, so massiv ändern und anpassen musste, reagiert immer noch genau so wie früher.

Heute können wir selbst entscheiden, welche Richtung wir im Leben einschlagen – und ob wir eine Person ansprechen oder nicht. Es liegt in unserer Hand und niemand hält uns davon ab – **nur wir selbst!**

Wenn wir vor der Entscheidung stehen, aktiv zu werden, rasen aber immer noch tausende Gedanken durch unseren Kopf und wir glauben tatsächlich, dass unsere Existenz oder gar unser Leben davon abhängen könnte, wie wir uns in einer solchen Situation verhalten werden. Dabei ist es das Natürlichste auf der Welt, mit anderen Menschen Kontakt aufzunehmen.

Übung 7

Sie haben viele Stärken!

Das vergessen viele Menschen, die nur noch in Selbstzweifeln vergraben sind. Notieren Sie sich jetzt einmal zehn Ihrer Stärken und positiven Seiten. Haben Sie Schwierigkeiten damit, lesen Sie vorher meine Stärken, die ich mir notiert habe. Dann beginnen Sie noch einmal – und hören Sie erst auf, wenn Sie mindestens zehn Ihrer positiven Eigenschaften notiert haben:

Meine zehn positiven Seiten:

1. *Ich höre gerne zu.*
2. *Ich interessiere mich für Menschen und Ihre Tätigkeiten.*
3. *Ich bin tolerant.*
4. *Ich bin hilfsbereit.*
5. *Ich koche sehr gut.*
6. *Ich kann schöne Liebesbriefe schreiben.*
7. *Ich lese viel und unterhalte mich gerne über Literatur.*
8. *Ich komme sehr gut mit meinem Chef aus.*
9. *Ich kann sehr gut mit dem Computer umgehen und werde von anderen oft um Hilfe gebeten.*
10. *Ich kann gut mit Tieren umgehen.*

Notieren Sie nun selbst:
Meine zehn positiven Seiten:

1. ....

2. ....

3. ....

4. ....

5. ....

6. ....

7. ....

8. ....

9. ....

10. ....

Sie sehen, dass es sie gibt – die guten Seiten – und dass Sie darauf stolz sein können. Ich meine es ernst: Schreiben Sie jetzt: „Ich bin stolz auf meine positiven Seiten. Deshalb mag ich mich."

....

....

Lesen Sie noch einmal Ihre guten Eigenschaften durch und überlegen Sie sich weitere positive Seiten, die Sie noch nicht notiert haben. Fangen Sie an, sich in negative Gedanken zu verstricken, brechen Sie sofort ab und denken an die Dinge, die Sie gut können.

Übung 8

Sie können die Top 10 Ihrer positiven Eigenschaften immer ergänzen und auf neuestem Stand halten. Übertragen Sie sie auf einen kleinen Zettel und nehmen Sie ihn mit. Lesen Sie ihn oft durch! Dadurch stärken Sie unterbewusst Ihr Selbstwertgefühl. Wichtig: Machen Sie diese Übung und schreiben Sie immer alles auf, was Ihnen an sich selbst gefällt. Keine Angst, Sie werden dadurch nicht eitel oder eingebildet.

Übung 9

Führen Sie ein Tagebuch, in das sie *nur* Ihre Erfolge und positiven Erlebnisse notieren. Hier können Sie z.B. schon notieren, dass Sie angefangen haben, an sich zu arbeiten. Oder dass Sie heute eine fremde Person angesprochen und mit ihr ein nettes Gespräch geführt haben. Notieren Sie auch kleinere Begebenheiten, wie: *„Ich habe mich heute mit dem Postboten über das Wetter unterhalten."* Es ist sehr wichtig für Sie, dass Sie Ihre eigene Entwicklung nachvollziehen und bei negativen Rückschlägen immer wieder nachlesen können, wie viel Ihnen schon gelungen ist! **Kaufen Sie sich ein Notizbuch und fangen Sie damit an!**

Fühlen Sie sich schon etwas sicherer im Umgang mit Menschen?

Ja? Dann habe ich folgende Übung für Sie:

Übung 10

Vielleicht haben Sie bei den ersten Übungen unterbewusst immer Frauen angesprochen. Es ist prinzipiell leichter, mit dem eigenen Geschlecht ins Gespräch zu kommen. Wir kennen uns ja selbst besser und haben davor oft keine Scheu.

Versuchen Sie nun die Übungen 2 bis 4 noch einmal durchzuführen. Sprechen Sie nun nur Männer an. Diese Übung ist gewiss nicht leicht – wird Ihnen aber dabei helfen, eine Normalität in Ihre Kontaktaufnahme mit Männern zu bringen.

Ob Frauen oder Männer, Sie können sich nun mit beiden Geschlechtern unterhalten. Ich spreche nicht davon, dass Sie Männer *anmachen* sollen – sondern nur von einem unverfänglichen Gespräch mit ihnen z.B. über das Wetter. Oft stellt sich die Frage: *„Wie beginne ich überhaupt?"* Hier führe ich Ihnen einige Beispiele auf, die Sie beliebig ergänzen können. Wenn das nicht Ihre Worte sind und Sie manches anders formulieren würden – nur zu! Schreiben Sie sich Ihre Themen oder Ihre kompletten Anfangssätze auf. Das macht Sie sicherer. Je mehr Sie sich mit dem Thema beschäftigen, desto leichter werden Sie Ihre Scheu überwinden können.

Allgemeine Themen, z.B.:

• Wetter
• Straßenverhältnisse
• Neue Einkaufsgeschäfte

Berufliche Themen, z.B.:

• *„Was für einen Beruf haben Sie?"*
• *„Könnten Sie mir einmal erklären, wie das funktioniert?"*
• *„Macht Ihnen Ihre Arbeit Spaß?"*

Politische Themen, z.B.:

• *„Sind Sie zufrieden mit dem Wahlergebnis?"*

- *„Jetzt müssen wir schon wieder mehr Steuern zahlen."*

- *„Wo kann man denn hier parken, ohne etwas zu bezahlen?"*

- *„Kommt es Ihnen auch so vor, als ob alles teurer wird?"*

Sonstige Themen, z.B.:

- *„Haben Sie das Produkt schon einmal gekauft? Waren Sie zufrieden damit? Wie hat Ihnen das geschmeckt?"*

Übung 11

Wie Sie sehen, bestehen meine Vorschläge oft aus Fragen, die den Gesprächspartner aus der Reserve locken wollen. Überlegen Sie sich weitere Fragen und notieren Sie sie gleich in Ihr Notizbuch. Machen Sie diese Übung gewissenhaft. Sie werden erstaunt sein, wie viel Ihnen einfällt, obwohl Sie anfangs gedacht haben, dass Sie nicht wissen, wie sie beginnen sollen.

Wie gewinnen Sie Interesse?

Viele Menschen fragen sich: *„Wie halte ich das Gespräch am Laufen? – ‚Guten Tag' zu sagen ist für mich kein Problem. Aber wenn ich mehr sagen muss, komme ich ins Stocken. Ich weiß dann einfach nicht mehr weiter."*

Zur Lösung dieses Problems, gibt es eine Lösung:

Stellen Sie Fragen!

Sprichwörtlich sagt man ja: „Fragen kostet nichts!"
Und das entspricht der Wahrheit. Es trifft sogar das Gegenteil zu: „Fragen ist für uns ein großer Gewinn!"

Wir erfahren viel von unserem Gesprächspartner und bekommen Hinweise und Details mit, die wir zur Führung unserer Konversation verwenden können. So halten wir das Gespräch in Gang. Das Wichtigste am Fragen ist aber: Wir zeigen Interesse an unserem Gegenüber!

Jeder Mensch und wirklich *jeder* findet es angenehm, dass Interesse an seiner Person gezeigt wird. Finden Sie es nicht auch schön, von jemandem gefragt zu werden, was für eine Meinung Sie zu einem Thema haben oder ob Sie mit Ihrer Arbeit zufrieden sind?

Zu einer ausgewogenen Konversation gehört also das Interesse am Gesprächspartner. Es signalisiert ihm, dass wir ihn ernst nehmen und ihm zuhören wollen. Wir zeigen nur Interesse, wenn wir nachfragen. Durch Schweigen und eigenes Erzählen zeigen wir noch kein Interesse.

Haben Sie schon einmal bemerkt, wie sich ein Mensch verhält, der sich für Sie nicht interessiert? Uns ist es allen schon einmal so ergangen: Unser Gegenüber schüttelt uns zwar die Hand – dreht sich aber sofort weg, ohne uns überhaupt in die Augen zu sehen. Er sagt vielleicht: *„Hallo, wie geht's?"*, nimmt diese Frage aber überhaupt nicht ernst. Es ist für ihn ohnehin nur eine Floskel von vielen und er will Ihnen eigentlich gar nicht zuhören. Er hat offensichtlich die Frage nur gestellt, um selbst zu reden. Er signalisiert das mit einer gestressten Körperhaltung oder abweisendem Blick. Er lächelt nicht offen, unterbricht Sie im ersten Satz und beginnt selbst zu sprechen. Sie kennen solche Menschen bestimmt. Für uns ist es unbefriedigend, uns überhaupt mit ihnen zu unterhalten.

Lernen Sie daraus und machen Sie es besser!

- Begrüßen Sie eine Person mit einem angenehmen Händedruck und schauen Sie ihr dabei in die Augen.

- Lächeln Sie Ihren Gesprächspartner freundlich an. Dadurch signalisieren Sie Offenheit und Zuneigung.

- Zeigen Sie ehrliches Interesse an Ihrem Gesprächspartner, indem Sie ihm Fragen stellen.

Üben Sie! Nur so werden Sie sich ändern können. Nur durch Bücher-Lesen allein können Sie sich zwar klar darüber werden, wie Sie sich ändern müssen – aber nur durch die Praxis werden Sie lernen, nicht mehr nervös dabei zu sein. Es wird für Sie dann einfach zur Normalität. Und das muss Ihr Ziel sein. Sie wollen sich ändern, dann fangen Sie auch an und verharren Sie nicht in Passivität.

Ich verlange viel von Ihnen – aber habe ich Sie nicht schon am Anfang darauf hingewiesen, dass es auch mit Arbeit verbunden ist, jahrelang eingefahrene Verhaltensweisen zu ändern? Wenn Sie weiter üben und sich immer selbst herausfordern, werden Sie die alten Verhaltensweisen durch neue ersetzen. Denken Sie beim Autofahren noch darüber nach, welchen Fuß Sie auf das Gaspedal setzen und wie Sie den Schalt-hebel bedienen müssen? Sicherlich nicht! Diese Tätigkeiten sind für Sie inzwischen Gewohnheit. Sie haben alle Bewegungen, die Sie zum Fahren eines Autos ausführen müssen, hunderte Male geübt. Während des Fahrunterrichts haben Sie bestimmt auch ein mulmiges und unsicheres Gefühl gehabt. Jetzt fahren Sie schon einige Jahre Auto und haben kein Herzklopfen mehr, wenn Sie sich in Ihr Auto setzen und losfahren. Es ist für Sie Normalität und Sie denken nicht weiter darüber nach. Genauso funktioniert es bei den hier beschriebenen Übungen. Am An-fang werden Sie vielleicht noch ein flaues Ge-fühl im Magen haben oder Ihre Hände werden feucht sein. Haben Sie zehn Mal fremde Perso-nen angesprochen, geht es Ihnen schon besser. Sie sind routinierter und lernen, dass Ihnen nichts Schlimmes dabei passieren kann. Die ne-gativen Gefühle und Gedanken verschwinden mit der Zeit. Sind Sie bei der hundertsten frem-den Person angelangt, wird Ihnen Ihr Verhalten schon ganz normal vorkommen. Sie werden kaum mehr darüber nachdenken. Ihre Nervosi-tät wird nachlassen und Sie verfügen nun über ein stärkeres Selbstbewusstsein.

Nur durch Lesen und Reflektieren der gelesenen Passagen werden Sie sich selbst nicht ändern können. Sie wissen zwar theoretisch wie alles funktioniert, haben aber noch keinerlei Praxis. Seien Sie aktiv! Üben Sie! Und schreiben Sie sich alle Ihre Erfolge in Ihr Notizbuch. Es sind immer kleine Erfolge und Glücksmomente, die Sie nach jeder Übung belohnen werden. Blättern Sie zurück, werden Sie mit der Zeit erstaunt sein, was Sie sich inzwischen alles trauen und wie Sie damals noch gehemmt waren.

Das Kompliment

Werden Sie gerne gelobt? Finden Sie es schön, wenn Ihnen Ihr Chef sagt, dass Sie eine Arbeit gut gemacht haben? Haben Sie ein gutes Gefühl, wenn Ihnen eine Freundin sagt, dass Sie ihr eine große Hilfe waren?

Dann wissen Sie schon, was Lob und Komplimente auslösen können. Komplimente sind durchaus keine „Schleimerei". Es sind ehrlich gemeinte Lobbezeugungen. Sie dienen dazu, dem anderen zu zeigen, das wir ihn und seine Leistung wertschätzen. Für Sie ist das vielleicht nur ein Satz. Aber die gesamte Grundstimmung des Gesprächs wird sich dadurch verändern. Vielen Menschen ist es peinlich und Sie erröten schüchtern, weil Ihnen so selten jemand sagt, dass Sie eine gute Eigenschaft haben oder dass sie etwas gut gemacht haben. Andere sind selbstbewusster und bedanken sich höflich für ein Kompliment. Allen Reaktionen ist aber gemeinsam, dass sie *positiv* sind. Ich habe noch keinen Menschen erlebt (weder Frau noch Mann), der auf ein Lob mit Ablehnung reagiert hat.

Warum wir so reagieren? Nun, wir erhalten die meiste Zeit unseres Lebens nur Kritik oder gleichgültige Reaktionen unserer Mitmenschen. Überlegen Sie einmal, wann Sie das letzte mal einem Mitmenschen gesagt haben, dass er etwas sehr gut gemacht hat. Sie können sich nicht daran erinnern? Dann wird es höchste Zeit, etwas dagegen zu tun!

Der Nebeneffekt ist, dass diese Menschen Sie als sehr nett empfinden. Sie werden freundlicher und mit größerer Aufmerksamkeit von ihnen behandelt. Jeder, der ein Kompliment erhält, bekommt gleichzeitig eine Motivation, es noch besser zu machen. Er hat etwas richtig gemacht und wird darin bestätigt.

Meine folgenden Erlebnisse – und es sind wahre Begebenheiten – zeigen Ihnen, wie sich solche Komplimente auf die Gesprächpartner auswirken können:

Als ich umgezogen bin, wollte ich ein Konto eröffnen. Nach zwei unbefriedigenden Besuchen bei Banken, die nicht meinen Wünschen entsprachen (einmal musste ich ein halbe Stunde warten, das andere Mal sollte ich für eine EC-Karte 2.000,- Euro als Sicherheit hinterlegen) betrat ich eine dritte Bank. Dort wurde ich sofort in einen kleinen Beratungsraum gebeten. Eine freundliche Filialleiterin fragte mich nach meinem Anliegen, bot mir einen Kaffee an und erfüllte alle meine Wünsche. Nachdem ich so nett behandelt worden war, lobte ich Ihren Service und erzählte von meinen negativen Erfahrungen in den anderen Banken. Das Gesicht der Frau leuchtete auf und Sie bedankte sich dafür. Sie bekäme selten so etwas zu hören, meinte sie. Sie erzählte mir, dass sie alle auf einer Schulung waren und die Bank mehr in Richtung Serviceorientierung positionieren möchten. Daraus ergab sich ein sehr nettes Gespräch. Sie telefonierte sogar extra, um mir eine schöne Kontonummer zu besorgen, die ich mir leichter merken konnte.

Einem Gemüsehändler sagte ich einmal, nachdem er mich sehr freundlich bedient hatte, dass er seine Arbeit sehr gut macht. Es gefällt mir, wenn sich jemand Mühe gibt und die Kunden auch beraten kann. Ich sagte ihm, dass er ein gutes Verkaufstalent habe. Seitdem werde ich noch höflicher behandelt. Er begrüßt mich mit meinem Namen und nennt mir immer besondere Angebote oder ganz frische Produkte. Einmal erwähnte ich nur beiläufig, dass ich Artischocken mag, schon hatte er am nächsten Tag eine kleine Kiste vom Großmarkt mitgebracht und sie mir angeboten. Ich bedankte mich dafür und sprach ihm wieder ein Lob dafür aus.

Was will ich Ihnen mit diesen zwei Erlebnissen zeigen?

1. Alles, was Sie geben, bekommen Sie mehrfach von Ihren Mitmenschen zurück.

2. Jeder Mensch freut sich, wenn er gelobt wird. Er fühlt sich bestätigt. Er hat etwas gut gemacht und seine Leistung wird entsprechend anerkannt.

3. Wir alle haben etwas davon – Ihr Gesprächspartner und Sie. Die Gesamtsituation entspannt sich wie von selbst und wird positiv.

4. Ihr Gesprächspartner behält Sie in angenehmer Erinnerung, denn er erhält in der Regel nicht oft Komplimente.

Übung 12
Loben Sie und machen Sie Komplimente!

Ihnen fällt nicht ein, was Sie loben könnten?
Hier einige Tipps:

- Sagen Sie einem Postbeamten oder einem Verkäufer, dass er Sie sehr zügig bedient hat und bedanken Sie sich dafür.
- Sagen Sie einem Verkäufer, dass er Sie sehr gut beraten hat.
- Bemerken Sie einer Kassiererin gegenüber, dass sie keinen leichten Job hat, und das Sie ihre Ausdauer bewundern – bei diesem stressigen Job, den sie hat.
- Fällt Ihnen etwas an einem Menschen positiv auf, dann sagen Sie es! Behalten Sie es nicht für sich – Ihr Gesprächpartner will alles aus Ihrem Mund hören und kann nichts erraten.

Schweigen Sie, wird sich nichts ändern!

Begegnen Sie Ihren Mitmenschen deshalb freundlich und mit Zuneigung. Jeder will für seine Arbeit auch einmal bestätigt werden. Was glauben Sie, wie lange eine Kassiererin an Ihrem Band sitzen muss und sich nur das Nörgeln der Kunden anhört, weil die Schlange so lang ist.

Ist das aber ihre Schuld? Sie kann nichts dafür, dass ihr Chef keine zusätzlichen Kassiererinnen einstellt. Sie versucht schnell zu sein und ihre Arbeit gut zu machen. Würdigen Sie das und sprechen Sie es auch aus! Alle positiven Signale, die Sie aussenden, bekommen Sie wieder zurück – auch wenn es nur ein Lächeln ist.

Komplimente gelten in unserer heutigen Gesellschaft als veraltet und meist als Schleimerei. Gute Umgangsformen werden den Kindern in den Familien kaum mehr vermittelt. Die Lehrer haben nicht die Zeit und das Engagement den Kindern so etwas beizubringen. Woher sollten wir dieses Verhalten also können, das wir uns bei niemandem abschauen konnten?

Wie war das bei Ihnen? Hat sich Ihre Mutter dafür bedankt, dass ihr Vater täglich in die Arbeit gegangen ist und Überstunden machte?

Gewöhnen Sie sich an, sich für jede Aufmerksamkeit, die Ihnen entgegengebracht wird, zu bedanken und sie zu loben. Das hat nichts mit Schleimerei zu tun. Es ist eine ehrliche Meinungsäußerung, die viele Menschen zwar empfinden – sie aber in den seltensten Fällen aussprechen. Das betrifft auch Ihr familiäres Umfeld. Loben Sie die positiven Seiten Ihrer

Mitmenschen und verstärken Sie sie dadurch. Forschungen haben ergeben, dass Kritik nicht förderlich ist. Meist ist es besser, die Dinge und Eigenschaften, die uns nicht gefallen, einfach zu ignorieren und dafür das Positive zu loben und hervorzuheben. Es wird dadurch automatisch das gute Verhalten verstärkt. Die Motivation des anderen steigt, da seine Leistung anerkannt wird. Trifft die Leistung eines Menschen nur auf Kritik oder Gleichgültigkeit, wird seine persönliche Stimmung immer weiter absinken. Setzen Sie bei jedem Menschen voraus, dass er sich bei allen seinen Handlungen Mühe gibt und dafür ein Lob verdient!

Begegnen Sie auch Ihrem engsten Umfeld mit Freundlichkeit und Zuneigung. Sie werden die Veränderung spüren. Bringen Sie z.B. Ihrer Mutter bei Ihrem nächsten Besuch einmal Blumen mit und sagen Sie ihr, dass es Sie freut, wenn Sie ab und zu bei ihr zu Besuch sind. Dies ist natürlich nur ein Beispiel von vielen. Denken Sie einmal an verschiedene Personen und überlegen Sie sich, für welche Eigenschaften oder für welche gute Arbeit Sie sie loben können. Notieren Sie sich die positiven Eigenschaften von Personen in Ihr Notizbuch. Erscheint ein Mensch Ihnen nur ruppig und unfreundlich, denken Sie auch an seine guten Seiten – die hat er bestimmt.

Ein solcher Mensch ändert sich dann vielleicht auch Ihnen gegenüber und Sie haben es in Zukunft leichter, mit ihm zu kommunizieren.

Viele Menschen sind sehr sparsam mit Komplimenten. Sie müssen sich richtig überwinden, einmal etwas Positives zu sagen. Verändern Sie sich und zeigen öfter Ihre Zuneigung, wird sich auch das Verhalten der Mitmenschen Ihnen gegenüber zum Positiven verändern.

Probieren Sie es aus!
Sie werden Ihre Erfolge an den Gesichtern Ihrer Gesprächspartner ablesen können.

Die weiteren Schritte

Eine oft gestellte Frage ist: *„Wie halte ich ein Gespräch aufrecht, wenn mir nichts mehr einfällt?"*

Ein Mittel, das Gespräch in Gang zu halten, ist *„Gutes Zuhören"*. Das mag jetzt lächerlich und zu einfach klingen. Aber die wenigsten Menschen hören gut zu.

Wenn jemand Ihnen z.B. die Frage stellt: *„Wie geht es Ihnen?"*, würden Sie sich doch denken, dass Ihr Gesprächspartner auch zuhören will, wenn Sie antworten. In vielen Fällen ist das jedoch nicht der Fall. Meistens wird diese Frage nur dazu verwendet, selbst seine eigene Geschichte vorzubringen. Achten Sie einmal darauf, wie oft es Ihnen so ergeht. Sie werden schon nach dem ersten Satz unterbrochen und der andere beginnt mit einem Monolog, obwohl Sie ihn überhaupt nicht gefragt haben – sondern er Sie! Solche Gesprächspartner empfinden wir als lästig und unhöflich. Sie rufen mehr Ablehnung als Sympathie in uns hervor. Meist trennen wir uns schon nach einigen Sätzen.

Machen Sie es deshalb besser: Gutes Zuhören bedeutet, auch wirklich dem Gesprächspartner Gehör zu schenken – und nicht schon andauernd daran zu denken, was Sie ihm als nächstes erzählen können. Ist Ihr Gehirn so beschäftigt, können Sie einfach nicht genau zuhören und sich die Details merken. Das ist aber von entscheidender Bedeutung für Sie:

Erstens fühlt sich Ihr Gesprächspartner ernst genommen und verstanden und zweitens erhalten Sie Material für die Fortführung Ihres Gesprächs.

Wie so etwas funktioniert, zeige ich Ihnen an zwei Beispielen:

Vera und Klaus unterhalten sich:

1.

VERA: „Hallo Klaus, wir haben uns ja lange nicht gesehen, wie geht es dir?"

KLAUS: „Hallo Vera, ich hätte Dich fast nicht wieder erkannt! Mir geht es gut. Ich bin vor drei Monaten umgezogen. Ich wohne jetzt in der Tulpenstraße hinter der Kirche. Und du?

VERA: „Mir geht es soweit ganz gut. Ich arbeite immer noch bei der Firma Muster und hoffe, dass sie keine Stellen streichen werden. Die Arbeit hängt mir echt zum Hals raus. Dieses ewige Schuften. Der neue Chef ist wirklich furchtbar. Wir müssen immer länger arbeiten und bekommen kein Weihnachtsgeld mehr. Das musst du dir mal vorstellen! Wir arbeiten jetzt schon rund um die Uhr – und das ohne mehr zu verdienen. Und jetzt greift uns der Staat noch tiefer in die Tasche. Na danke! Na ja, vielleicht finde ich mal etwas anderes. Aber in der heutigen Zeit. Du kennst das ja. Immer mehr Arbeiten, immer weniger verdienen. So sieht es doch aus!

KLAUS: Tut mir leid, dass es nicht so gut läuft bei Dir. Vielleicht treffen wir uns ja mal wieder – ich muss jetzt weiter. Also Tschüss!

VERA: Ja, wir sehen uns, Tschüss!

2.

VERA: „Hallo Klaus, wir haben uns ja lange nicht gesehen, wie geht es dir?"

KLAUS: „Hallo Vera, ich hätte Dich fast nicht wieder erkannt! Mir geht es gut. Ich bin vor drei Monaten umgezogen. Ich wohne jetzt in der Tulpenstraße hinter der Kirche. Und du?

Vera: „Habe ich mich etwa so verändert?

Ich wusste gar nicht, dass Du umgezogen bist. Ist Deine neue Wohnung schön? In der Tulpenstraße ist doch wenig Verkehr, oder?

KLAUS: „Na, etwas hast du dich schon verändert! Früher hattest du eine Brille.

Ja, ich habe eine super Wohnung gefunden. Total ruhig. Nur das Glockenläuten nervt etwas. Aber wenigstens kein Verkehrslärm."

VERA: „Eine Brille? Das ist ja schon lange her! Ich hatte doch früher so schlechte Augen. Ich habe mich lasern lassen. Jetzt brauche ich keine Brille mehr. Das ist echt super.

Deine Wohnung war ja echt grausig. So nah an der Bundesstraße. Ich hätte da auch nicht wohnen wollen. Wie konntest Du denn da überhaupt schlafen?"

KLAUS: „Das mit dem Lasern musst du mir mal genauer erklären. Das würde mich echt interessieren. Eine guter Freund von mir hat auch *so schlechte Augen.*

Hast Du denn Lust mal vorbei zu kommen? Dann kann ich dir gleich die Wohnung zeigen.

VERA: *„Ja, sicher, ich komme gerne mal vorbei. Wann hast Du denn Zeit?*

KLAUS: *„Vielleicht morgen nach der Arbeit?*

So gegen Sieben?"

VERA: *„Ja, ich freue mich, also bis morgen um Sieben!"*

KLAUS: *„Ja, bis dann, Tschüss"*

VERA: *„Ciao!*

Bemerken Sie den Unterschied der beiden Unterhaltungen? Beide Gespräche beginnen genau gleich. Sie nehmen aber im Verlauf eine komplett andere Wendung. Woran liegt das?

Am guten Zuhören und am Interesse der Gesprächspartner!

Im ersten Beispiel hat man den Eindruck, Vera will eigentlich nur von sich erzählen. Sie möchte einfach nur ihren Frust ablassen, den sie den ganzen Tag über angesammelt hat. Sie geht überhaupt nicht auf die Antwort von Klaus ein – sondern erzählt sofort von sich. Sie scheint sich nicht für Klaus zu interessieren und hat ihm wahrscheinlich noch nicht einmal zugehört. Ihre Frage: *„Wie geht es Dir?"*, ist nur der Vorwand einen eigenen Monolog zu halten. Das Gespräch ist deshalb schnell beendet.

Das zweite Beispiel zeigt eine veränderte Vera: Sie hört gut zu und greift Details der Aussagen von Klaus auf. Sie zeigt an seinen Äußerungen Interesse und es ergibt sich eine ausgewogene Unterhaltung. Beide fühlen sich vom Gegenüber ernst genommen.

Schauen wir uns das am zweiten Beispiel einmal genauer an:
Die erste Antwort von Klaus birgt eine Menge Informationen:

„Hallo Vera, ich hätte Dich fast nicht wieder erkannt! Mir geht es gut. Ich bin vor drei Monaten umgezogen. Ich wohne jetzt in der Tulpenstraße hinter der Kirche. Und du?

Die Informationen sind im Einzelnen:

- Klaus hat Vera fast nicht wieder erkannt.

- Klaus geht es gut.

- Klaus ist vor drei Monaten umgezogen.

- Die neue Wohnung von Klaus befindet sich in der Tulpenstraße hinter der Kirche.

Das sind vier Informationen, die für die Fortführung des Gesprächs von Vera aufgegriffen werden können:

- „Warum hat Klaus mich nicht wieder erkannt? Habe ich mich so verändert?"
- „Geht es ihm deshalb gut, weil sie umgezogen ist?"
- „Wo ist die Tulpenstraße?"
- „Wie gefällt ihm die neue Wohnung und warum ist sie besser als die alte?"

Sie antwortet:

„Habe ich mich etwa so verändert?
Ich wusste gar nicht, dass Du umgezogen bist. Ist die Wohnung schön? In der Tulpenstraße ist doch wenig Verkehr, oder?"

- Vera stellt eine Gegenfrage, warum Klaus sie nicht erkannt hat.
- Sie stellt fest, dass sie von seinem Umzug nichts wusste.
- Sie stellt Fragen zur neuen Wohnung. Ist sie schön? Liegt Sie laut oder ruhig?

Klaus kann hierauf nicht einfach sagen: *„Tschüss, ich gehe jetzt!"* Das wäre sehr befremdlich. Er fühlt, dass Vera ihm gut zugehört hat und dass ihr etwas an der Unterhaltung liegt. Er antwortet auf ihre Fragen und so ergibt sich die weitere Konversation.

Sie sehen also, dass es an Ihnen liegt, wie aktiv Sie an einem Gespräch teilnehmen. Entweder es ergibt sich eine längere Konversation – oder das Gespräch ist schnell beendet. Im Allgemeinen ist es so, dass Sie das Interesse, das sie einem Menschen entgegenbringen auch wieder zurückerhalten. Man wird Ihnen auch mit Interesse begegnen und Sie ernst nehmen.

Übung 13

Sprechen Sie einen Mann an, der Ihnen gefällt.

Jetzt werden Sie denken: *„Um Gottes Willen, jetzt wird es ernst. Das schaffe ich nicht."* Aber wir halten diese Übung viel einfacher als sie denken: Sprechen Sie einen Mann an, den Sie attraktiv finden – aber führen Sie ein Gespräch über allgemeine Dinge! Machen Sie sich frei von dem Gedanken, Sie müssten mit einem Mann, nur weil Sie ihn attraktiv finden, sofort darüber sprechen, ob er die Zukunft mit Ihnen verbringen will.

Setzen Sie sich nicht selbst unter Druck! Geben Sie sich Zeit! Das wäre ja so, als wollten Sie gleich im fünften Gang anfahren. Es wird in den meisten Fällen schief gehen.

Es kommt darauf an, dass Sie sich so verhalten, wie Sie wirklich sind. Alles weitere wird sich schon während der Unterhaltung ergeben. Dauert sie länger und Sie haben das Gefühl, zwischen Ihnen besteht ein und dieselbe Wellenlänge, wird sich der Rest wie von selbst ergeben. Konzentrieren Sie sich auf das Gespräch, das zustande kommt und nicht auf irgendwelche Fantasien, die in der Zukunft liegen. Dadurch lähmen Sie sich selbst. Vergessen Sie alle Ängste und alle Gedanken an eine mögliche Zukunft mit diesem Menschen. Fangen Sie damit an, über etwas ganz Banales zu sprechen. Im Laufe des Gesprächs werden Sie viele Details erfahren, die Ihnen eine problemlose Konversation ermöglichen. Nur Mut!

Treffen Sie einen Mann, den Sie attraktiv finden, machen Sie also nichts anderes, als das, was Sie in den Übungen vorher auch schon getan haben. Fühlen Sie sich noch nicht sicher genug, üben Sie noch eine Zeit lang die normale Konversation. Solange, bis sie für Sie Normalität geworden ist.

Sprechen Sie den Mann an und beginnen Sie,

wenn Sie sich nicht trauen, wieder bei der dritten Übung. Sie haben dabei nichts zu verlieren!

Übung 14

Haben Sie keine Hemmungen mehr, auch Männer anzusprechen, die sie attraktiv finden, dann führen Sie längere Gespräche. Sie wissen jetzt, wie das funktioniert. Sie haben es geübt und sind sicher im Umgang mit Menschen. Es ist für Sie nun ganz natürlich, auf Menschen zuzugehen. Machen Sie oft Gebrauch davon. Notieren Sie sich alle Ihre Erfolge. Blättern Sie auch einmal zurück – auf die große Anzahl von kleinen Erfolgen. Das wird Sie immer wieder motivieren.

Schauen Sie noch einmal die Liste mit Ihren positiven Eigenschaften an. Ergänzen Sie diese und seien Sie stolz auf sich. Sie haben bewiesen, dass Sie sich ändern können und Sie haben an sich gearbeitet. Sie wissen jetzt, dass Sie mit jedem Schritt mutiger und mit jeder Übung selbstsicherer werden. Ihren Erfolg kann Ihnen keiner mehr nehmen. Sie nehmen Ihr Leben jetzt selbst in die Hand und überlassen das Handeln nicht mehr nur den anderen. Sie sind aktiv und nicht mehr passiv.

Sie werden vielleicht immer noch in bestimmten Situationen ein mulmiges Gefühl bekommen und Ihr Herz wird stark klopfen. Trösten Sie sich, auch mir geht das ab und zu so – z.B. wenn ich vor einer Gruppe fremder Personen frei sprechen muss. Das ist ganz natürlich. Aber ich arbeite daran, dass es immer besser wird.

Denken Sie daran: Sie haben jahrelang nur das Gegenteil getan. Sie waren passiv, vielleicht lethargisch und sind dem aktiven Leben teilweise aus dem Weg gegangen. Vieles war genau deshalb einfacher, *weil* Sie diesen Situationen oft aus dem Weg gegangen sind. Glücklicher waren Sie deshalb nicht – oder? Das Gegenteil war der Fall. Deshalb haben Sie sich ja vorgenommen, sich zu ändern.

Von Heute auf Morgen funktioniert das natürlich nicht – durch kein Buch der Welt. Seien Sie geduldig mit sich und analysieren Sie immer wieder Ihre Ängste und Ihre Gedanken. Fragen Sie sich immer wieder, ob diese Gedanken auch auf Tatsachen beruhen oder ob sie nur dazu dienen, Sie vom aktiven Leben abzuhalten. Dass Sie den Willen zur Veränderung haben, beweisen Sie schon damit, dass Sie dieses Buch gelesen haben. Diesen Willen auch in die Tat umzusetzen, ist mit Arbeit verbunden. Aber mit Arbeit, die sich für Sie persönlich auszahlen wird!

Übung 15

Sie ahnen, was jetzt kommt?

Sie sind fast am Ziel!

Sie können jetzt einen Mann, der Ihnen gefällt, ansprechen, sich mit ihm unterhalten und ihn näher kennen lernen.

Die bisherigen Übungen haben Sie in Menschenkenntnis und Konversation geschult. Sie verfügen über alle Fähigkeiten, einen Mann anzusprechen, sich mit ihm zu unterhalten und seine Aufmerksamkeit und sein Interesse zu gewinnen.

Es geht nicht darum, nach draußen zu gehen und mit jedem beliebigen Mann zu sprechen – sondern mit dem Mann, den Sie sich für Ihr Leben wünschen würden. Tun Sie es! Vielleicht geht es ihm ja genauso. Sie haben dabei zusätzlich einen großen Vorteil:

Männer lieben es, wenn Frauen die Initiative ergreifen. Männer leben oft in dem Irrtum, dass Frauen aufgrund Ihrer Emanzipation inzwischen auf sie zukämen und sie ansprächen. Sie sind durch die ungewohnte Selbstständigkeit der Frauen verunsichert und wissen oft nicht, wie sie sich verhalten sollen. Sie sind seit Hunderten von Jahren gewohnt, dass sie es sind, die

die Initative ergreifen müssen. Auf einmal wird ihnen durch die Medien ein komplett anderes Bild der modernen Frau vermittelt: Eine Frau, die stark ist, die Karriere und Kinder unter einen Hut bringt, die selbst entscheidet usf. Leider trifft das in Bezug auf das Flirten noch nicht zu. Hier soll in den Augen der Frauen immer noch der Mann die treibende Kraft sein.

Nehmen Sie ihm diesen Part ab und er wird sich nicht mehr so unsicher fühlen!

Dass dann schlussendlich alles für Sie positiv verläuft, kann ich Ihnen natürlich nicht versprechen. Schließlich ist derjenige, den Sie ansprechen eine eigene Persönlichkeit – mit seinem eigenen Charakter. Er hat in seinem Leben gute und schlechte Erfahrungen gemacht.

Das werden Sie aber nur während einer längeren Unterhaltung erkennen können. Nur dann werden Sie genau wissen, ob der Mann auch zu Ihnen passt und ob Sie beide die gleiche Wellenlänge haben.

Vielleicht geht es dem Mann ja genauso wie Ihnen: Er hat Sie schon bemerkt, traut sich aber nicht Sie anzusprechen. Es ist also an Ihnen, den ersten Schritt zu wagen.

Ihr Ludwig Reichenbach